穆峰 ●主编

知者大家居智库丛书系列
大家居产业实战商业评论

增长思维

第一辑

中国家装家居经典商业评论

华中科技大学出版社
http://www.hustp.com
中国·武汉

图书在版编目(CIP)数据

增长思维:中国家装家居经典商业评论/穆峰主编.—武汉:华中科技大学出版社,2021.8
ISBN 978-7-5680-7152-9

Ⅰ.①增… Ⅱ.①穆… Ⅲ.①建筑材料工业-中国-文集 ②建筑装饰业-中国-文集 Ⅳ.①F426.91-53

中国版本图书馆 CIP 数据核字(2021)第 115067 号

增长思维:中国家装家居经典商业评论　　　　　　　　　　　　　　　　穆峰　主编
Zengzhang Siwei: Zhongguo Jiazhuang Jiaju Jingdian Shangye Pinglun

策划编辑：易彩萍
责任编辑：叶向荣
封面设计：刘文涛
责任校对：李　琴
责任监印：朱　玢

出版发行：华中科技大学出版社(中国·武汉)　　电话：(027)81321913
　　　　　武汉市东湖新技术开发区华工科技园　　邮编：430223
录　　排：华中科技大学惠友文印中心
印　　刷：武汉首壹印刷有限公司
开　　本：710mm×1000mm　1/16
印　　张：18.5
字　　数：230千字
版　　次：2021年8月第1版第1次印刷
定　　价：68.00元

本书若有印装质量问题,请向出版社营销中心调换
全国免费服务热线：400-6679-118　　竭诚为您服务
版权所有　侵权必究

《增长思维：中国家装家居经典商业评论》
编辑委员会

主　编：

穆峰，知者研究创始人、混沌学园大家居品牌战略专家、畅销书《装修新零售：家装互联网化的实践论（精编版）》作者。

副主编：

张仁江　全国工商联家具装饰业商会秘书长
胡亚南　中国建筑装饰协会住宅装饰装修和部品产业分会秘书长
陈　俊　一德集团董事长、艾佳生活创始人、中城联盟第八任轮值主席
倪　林　金螳螂企业集团董事长
林云松　尚层装饰董事长
颜伟阳　圣都装饰董事长
张　钧　业之峰董事长
徐国俭　上海市室内装饰行业协会会长、聚通装饰集团董事长
陈　航　群核科技（酷家乐）联合创始人兼CEO
王国彬　土巴兔创始人兼CEO
崔欣欣　混沌学园创新领教、分享投资创始合伙人
曾育周　"整装校长"靓家居董事长
白　杰　生活家家居集团董事长兼总裁
杨　渊　上海星杰装饰集团董事长
姚红鹏　德尔地板地面材料产业总裁
陈　炜　爱空间创始人
尚海洋　积木家董事长

杨铁男　有住网董事长、少海汇创始合伙人

何　石　方太集团家装事业部总经理

林作新　亚洲家具联合会前会长，北京林业大学教授、博导

何兴华　原红星美凯龙家居集团副总裁、畅销书《流量制造》作者

周志胜　全屋优品创始人兼董事长

徐红虎　一兜糖家居 APP 创始人

欧阳熙　维意定制 CEO

编　委：（排名不分先后）

王　飚　科凡家居总裁

万雪冰　靓家居常务副总裁

张凯生　中深爱的寝具董事长

辛益华　爱空间联合创始人

俞爱武　上海俞润空间设计董事长

刘羡然　住范儿 CEO

李　帅　U 家工场创始人

毛新勇　顾家集团副总裁、班尔奇董事长

周清华　管仲连子（上海）企业管理有限公司 CEO

陈勤显　欧派家居集团总裁营销助理

孙维革　金牌厨柜高级副总裁

田茂华　千年舟集团副总裁

颜传赞　小牛哥董事长兼 CEO

蒙延仪　上海 C＋装饰集团董事长

赵　谦　泛米科技（上海）有限公司董事长、帘盟创始人

崔　健　大隈中国总经理、青岛富佳科技总经理

张永志　腾讯家居 & 优居新媒体总编辑、优居研究院院长

胡艳力　网易家居、网易设计全国总编辑
许春阳　家装下午茶CEO
王大川　绿色家装饰董事长
许　瑞　红树林商学社创始人
李振勇　陕西省室内装饰协会家装专业委员会副主任、《华商报》家居行业总监
高单单　《今日家具》主编
宗书慧　家页传媒主编
何　畅　安居客家居主编
邓超明　大材研究创始人、首席分析师
金　锋　深圳市金紫荆装饰集团董事长
肖道宇　深圳市好易家装饰工程有限公司董事长
刘经坊　深圳市皓天装饰集团总裁
鲍贤增　奥普家装中心总经理
杨　辉　AI家居总经理
谢永成　恒洁卫浴家装事业部总经理
苟涛涛　宣伟涂料高级全国装饰渠道销售经理
周余强　九鼎装饰副总裁
蔡　建　积木家副总裁
丁　胜　云立方CEO
田晓东　搜辅材创始人兼CEO
方　棋　方太集团家装事业部重点客户总监
朱元杰　成都共同管业集团副总经理
肖良宇　安徽科居新材料科技有限公司副总经理
张　峰　意大利COES高端管道中国区总裁
周　亮　全屋集团CMO

沈潮虎　君潇地毯创始人
史　良　摩空科技 CEO
葛烨明　靓家居营销总经理
冯飞龙　北京金典装饰集团总经理
蔡志斌　西宁嘉和日盛装饰董事长
张泽东　贝朗卫浴局改事业部总监

战略支持及特别推荐一

与书结伴，与智慧结缘，有幸与穆峰老师相识，从而加深对家装行业的认知；为欧洲 VIV 进入家装行业，服务各装修企业，提供价值产品坚定了信心。同时，感谢穆峰老师亲临品牌寝具代工工厂（深圳市中深爱的寝具科技有限公司）考察指导；经过深入的调研与探讨，穆峰老师为欧洲 VIV 打造了品牌文化系统。始于品牌愿景：成为床垫 To B 渠道第一品牌。委以使命：助力渠道，让家更舒适。树立品牌形象：做渠道定制床垫专家。建立品牌定位：为渠道定制 3 倍好的欧洲品牌床垫。以好保障、好销售、好利润的 3 倍好势能为渠道提供整体床垫配套解决方案；以好品牌、好品质、好睡感的 3 倍好特点为渠道消费者提供健康舒适睡眠体验。

欧洲 VIV，维尔德曼集团旗下品牌，成立于 1954 年，历时 66 年，欧洲最大、最系统、最前沿的整体睡眠系统制造商之一。全球 11 大生产基地：比利时 2 个、法国 3 个、波兰 1 个、中国（中深爱的代工）5 个，共计 82 万平方米。如今，维尔德曼集团旗下品牌已陆续登陆中国，旨在为全球用户提供高品质的睡眠产品。

欧洲 VIV 是"睡眠维他命"，以一种外在的、物理的形式有效调节和改善人们的睡眠质量，消除疲劳，储备能量，调节身体机理，让身心在睡眠中得到最大程度的放松，为充满活力和能量的身心提供最坚实的健康保障。

欧洲 VIV 在品牌核心上强调变革创新、引领潮流和拥有激情；以高品质床垫的品牌优势和技术优势，为现代都市人提供一个全新的选择，在众多国际床垫品牌中走出一条充满活力的健康之路。

在穆峰老师的指导下，学习与践行，将进一步与各大家装企业形成战略合作，为行业发展提供优质产品与服务。

欧洲 VIV 床垫

战略支持及特别推荐二

在中国家装行业飞速发展的二十年中,从大行业小企业的行业格局到标准化家装再到数字化已逐渐渗透到产品端、服务链的互联网化家装,已有巨大的变革。在资本逐渐青睐全新的整装产品时,穆峰老师作为行业的研究者和实践者,向大家详细讲述其中变革的由来与逻辑,并融合了众多大咖的真知灼见,相信会给我们带来认知层面的不少提升。

作为始建于1976年,开创了中国墙面装饰行业的特普丽墙饰,不仅诞生了中国第一卷墙纸,开创了中国墙面装饰先河,还引领了三次中国墙面装饰潮流,是中国几代人对新房美化的记忆,特普丽至今已为两亿多消费者提供了专业的墙面装饰服务。特普丽墙饰以美化人类居住环境为使命,针对美观、环保、耐久的核心诉求,数十年持续创新研发防霉抗菌、净味除醛、耐擦洗等多功能、高品质的墙面装饰产品。

特普丽作为墙面装饰行业佼佼者,于2021年代表行业发布中国墙饰白皮书,推进行业质量标准。依托近五十年的研发制造经验,提出绿色化、生态化、科技化、时尚化的四化发展观,开启墙饰全品类战略升级,整合墙纸、墙布、窗帘、墙酷等多项墙饰产品,通过产品的多元创新、服务升级与全国市场的战略布局,在功能、设计、体验上有着飞跃性的突破。

特普丽

战略支持及特别推荐三

　　知者研究作为家装家居产业研究的品牌战略咨询公司,多年来专注产业融合研究,关注企业经营决策,聚焦行业创新发展,助力大家居走向美好。牛年(2021年)8月,本书作为大家居产业第一本实战型商业评论巨著在万众瞩目中闪亮登场。本书博采广收众多行业大咖的真知灼见,为大家居行业的发展引领了新的方向。以书为媒,感谢穆峰老师把大家居行业的供应方、需求方和相关方连在一起,共同推动大家居产业的健康良性发展。

　　爱喏国际集团作为大家居行业的供应方厂家之一,致力于智能水电一体化的研发、生产和服务,主要包括管道水电事业部、智能家居事业部、功能涂料事业部、健康净水事业部、生活用品事业部和智能水电国际研发中心等六大板块。产品通过多家国内外权威机构认证,包括欧盟CE、德国TüV、英国WRAS、美国NSF、美国FCC、中国CCC、中国CQC、中国CMA等。连续多年为中央电视台广告展播品牌,荣获2019中国智能家装水电一体化领军品牌,2020年中国家装500强智能水电一体创新品牌,泰国2021顶级品牌奖,东盟2021最佳品牌奖等。在经济全球化的大背景下,爱喏国际集团整合全球研发、制造和营销资源,以实现工业4.0为目标,以提高人类生活品质为宗旨,积极参与诸如"一带一路""区域全面经济伙伴关系""泰国东部经济走廊"等全球经济发展热点,努力打造成为受人尊敬、充满活力的国际企业。为爱筑家,相喏百年。这既是爱喏的光荣使命,也是爱喏的伟大愿景。

爱喏国际集团

导言

迎接家装家居业的伟大变革，我们正青春

回想起创立知者的初心，我一直想建立一套体系和模型来推动行业的发展及进化。

但时至今日，还是在探索。家装家居业即将迎来大变革，我们每个从业者都是参与者、见证者，共同助力行业走向美好，是我们的共同使命。

一、家装行业的本质是什么？

家装具有建筑装饰业、服务业、手工业、零售业和IT科技五大属性，但目前仍然以手工业和重服务业为主。

根据《国民经济行业分类》，建筑装饰业是建筑业的四大行业之一，分解新增为三个细分行业：E5011公共建筑装饰和装修、E5012住宅装饰和装修、E5013建筑幕墙装饰和装修，家装属于住宅装饰和装修小类。

家装的服务一般分为售前的签单服务，售中的交付服务和售后的质保服务，这是服务业属性。

家装的水电木瓦油施工交付主要是靠各工种师傅手工作业，虽然一直提装配式装修但主要还是应用于公装领域。也有人说家装有移动制造业属性，但也是最低级的移动手工制造业，移动很好理解，客厅的砖贴完了移动到厨房贴。

零售业属性是将装修辅材、主材，以及家具软装、家电等通过设计方案以硬装或整装形式打包卖给客户，整装套餐可以整卖，也可拆分成部分家具

软装等进行零售。

IT科技属性是指家装行业的在线化、信息化、数字化等。

建筑装饰业是家装的门类，为基础属性；服务业和手工业是目前的主要属性，也是传统属性；零售业和IT科技的属性占比较少。

未来5~10年，家装行业只有跳出家装的传统属性才会产生新的物种，不再是现在的家装，而是作为新物种的家装。

这个方向可能是IT科技＋服务，或者IT科技＋零售，亦或者IT科技＋零售＋服务，目前IT科技＋制造相对走得更快。

二、家装公司为什么没有品牌？

家装行业有品牌吗？坦率的讲有行业品牌，如上市公司东易日盛、名雕装饰，还有头部家装企业，如业之峰、圣都装饰、龙发、生活家、爱空间，以及一些区域龙头装修企业，但没有用户品牌。怎么讲？

我们从两个纬度看：

1. 从品牌最基本的知名度、认知度、美誉度看

（1）知名度低。一项数据显示，只有3.73%的消费者可以准确说出家装公司名称。用户有装修需求才会定向关注，没有则直接过滤掉信息，跟他没关系，不会主动记忆，这和大众消费品有本质区别。低频、短周期集中消费，过后就忘，或刻意忘掉，难以被运营，无法形成消费者品牌。

（2）认知度差。品牌是企业与用户发生的所有联系所建立的印象总和，是用户对产品或服务长期的"优势认知"的叠加。品牌认知就是品牌在用户心智中的形象。先不说不知道，即使知道，在用户心理是什么认知？用户短期集中被密集洗脑或教育，对于装修的认知清晰又模糊，难以建立心智预售。在这种模糊的认知下很难轻松决策。

（3）没美誉度。装修结束要么是增项、不爽，解决问题慢，即使没大的问题基本满意,最后还是由于装修本身带来的劳心、费神而对装修这件事犯怵,很难对装修公司有美誉度。**即使装得好,用户也可能认为是自己努力跑工地、盯得紧的缘故,和家装公司关系不大。**

2. 从品牌存在的两个意义反推

品牌存在的意义在于降低三个成本:第一,降低社会监督成本,解决监督问题;第二,降低顾客选择成本,解决信任问题;第三,降低企业的营销传播成本,解决流量问题。从后面两个品牌的价值就能反推出家装公司不存在品牌。

(1)家装公司的"品牌"无法解决客户信任的问题。家装公司的展厅为什么很大?展厅为什么装修豪华?一进门为什么摆那么多奖牌、证书和锦旗?……因为所谓的品牌只是一个名字,一个代号而已,根本没有解决客户的信任问题,只能不断充实各种信任状。小米之家需要挂各种锦旗吗?可口可乐在商场随意摆出就有人买,这才是品牌。

(2)家装公司的"品牌"无法降低营销成本。这几年家装公司最头疼的问题是流量获取问题,线上流量越来越贵,电销被打击,网销有门槛,线下被小区物业拦截……导致家装公司的获客成本持续走高。海底捞新开一家店,装修时只要在商场外立面打出开业时间广告,到时就会人满为患,这才是品牌。

三、家装企业的很多问题不是你不努力,而是行业的三大天花板难以逾越

为什么家装行业没有品牌?为什么家装公司做不大?为什么标准化家装的复制性还是那么弱?为什么标准化和个性化难以统一?为什么人在家装领域还是无法被弱化?很多问题的底层原因就是家装行业的三大天花板难以逾越。

第一个天花板:区域密度内大规模交付与口碑成反比。

原因一:行业特殊性加剧了形成口碑的难度。

家装消费是低频消费,用户一辈子可能就装修一两次;属于高客单价,家庭消费最重要的支出;又是陌生消费,不懂装修;还存在信息不对称的问题,容易被坑,所有这些导致家装消费敏感度高、沟通成本高、容易产生认知偏差,这加剧了形成口碑的难度。

另外,装修过程极为繁琐,周期又长,每个环节都得做好,就算99个都做好了,就剩一个没做好,结果可能就是不满意;交付品质也存在不稳定性,你自己做好了,介绍给朋友家,他家就可能没做好,结果朋友还会埋怨你推荐的公司不行,你的好评就会反转。

原因二:区域规模密度下,交付品质的不稳定性。

(1) 施工过度依赖于人,过程无法被监管,或者监管成本高,存在以次充好、偷工减料的情况;尤其是当施工量增大后,萝卜快了不洗泥,优质工长、工人更稀缺,监理流于形式。

(2) 人工成本持续走高,市场竞争下家装公司的毛利被挤压,尤其是套餐公司通过提高在施工地的分配量消化工费上涨,虽然工人总的收益增加或持平,但劳动时长增加,活儿干好有变数。

(3) 外部环境的不确定性、公司经营的不确定性,使得"活不断,有钱赚"也有不确定性。

(4) 工序、工艺、工法标准化后,执行时独自作业还是主要靠工人自律,而且所谓的标准化不一定就成熟且稳定,也不一定执行到位。一位第三方家装监理负责人告诉我给工人培训,几个小时下来他们就记住了两点:在工地穿好工服、不抽烟。

(5) 当施工地快速增多后,过程中的问题率也会急剧升高,而在施工地规模放大之下,会导致问题积压,不能及时解决就会拉升投诉率。

这个天花板会引发两大后果。

一是销售费用增加,影响企业经营成本结构。

口碑下降使得工地回单减少,老用户运营不起来,用户转介绍降低,付费流量成本又越来越高,获客成本自然会增加。家装公司如果没有一定比例的回单会抬高销售成本;一些小家装公司的回单率可以做到70%,服务三个用户回单两个,获客成本大大降低。

获客成本持续走高,销售成本增加,销售费用率上升,若固定成本不变,则变动成本会增加,总成本随之增加,毛利率不变则利润减少。

当然你说天地合、美得你这些劣质产能为什么可以低开高走、恶意增项,不用考虑口碑,不用考虑回单,不是获客成本也低吗?通过低价打广告当然容易引流,签的合同10万,做完翻倍,用户全是吐槽维权,最后这些公司也消失了。

二是规模无法突破,影响商业模型正循环。

(1)家装公司难以规模化,遭遇规模天花板。

这就导致2万亿的家装行业没有大公司,超过自身的规模边界就不经济了,要么走向死亡,要么回归到边界之内。

(2)基于规模之下的成本领先战略受影响,如集采、仓配效率会降低。

①全国规模集采价格受影响。没有了规模,集采价格会受影响。业之峰为了实现根据地战略,每个品类精选一两个品牌,加大单个品牌的全国集采量,建立你中有我、我中有你的"镶嵌式发展",采购量不同,合作条件差异大。

②区域仓配密度低。没有了规模,区域仓配密度下降,供应链效率降低。

(3)基于规模之下的S端无法持续投入强化。

①研发投入受限。没钱,产品研发、信息化建设都会受到影响。

②人才引入受限。没钱,引进优秀人才受限。

第二个天花板:只有基于大规模下标准化与个性化才可能统一。

1. 标准化是规模化的基础,标准化也是产品化的必然路径

家装的规模化必然是建立在标准化之上的,只有标准化、产品化和数字化才能解决可复制性的问题。要做到100亿、300亿甚至上千亿,一个城市肯定做不到,而是复制十城、百城才行。就像肯德基、麦当劳、海底捞、亚朵酒店等一样,标准化才是大规模复制的前提。

传统家装因为是一对一服务,严重依赖于人,干多少活儿就需要多少人,又是非标、重服务、长链条、低满意度,很容易触碰规模不经济的边界,干得越多,不一定挣钱。

家装标准化包括产品标准化、展厅标准化、供应链标准化、施工标准化、服务标准化、运营管理标准化、全链路数字化等,每个大类的标准化又有多个二级标准化(关于标准化详见我的《装修新零售:家装互联网化的实践论(精编版)》第6章),这些标准化能否成熟且稳定是关键。

2. 装修用户对美的感知是个性化的,过度参与感是对没解决信任的一种自我保护

跟功能有关的都会规模化,跟美学有关的都会个性化。装修用户对美的感知是不同的,在同一个地方,家庭背景、年龄、学历、职业、收入等都一样,但对一个沙发、一个电视背景墙、一块窗帘的感知可能不同,比如不满意风格,也许不喜欢色彩,亦或看不上材质等。所以对家装用户,尤其是对包含了家具软装、饰品、家电的整装来说应该是个性化的。

从前面提到的家装公司没品牌的角度看,正因为难以解决信任问题,所以客户在洽谈的过程中,总是想有一种掌控感,推荐的或是套餐里的材料真不好吗,不见得,他要的是这项决定自己说了算,因为他不信任你;所以客户的成交很大程度取决于设计师的能力、亲和度和谈单技巧。过程中,设计师的"人格魅力"可以解决信任问题,不是冷冰冰的材料,也不是墙上挂面的锦旗和摆满的奖牌,这些都是没感情的。

总之,客户因为这家公司的宣传也好,活动也罢进店了,但是否成交是由设计师决定的,因为当前解决信任问题还是靠人。

3. 在成本领先下,只有足够规模和服务用户基数才能将标准化和个性化统一,否则所谓的标准化选配和个性化升级都很可能不是最优选

标准化是家装公司做大做强的必然选择,但这是企业价值,跟用户没直接关系,不能因为你要降本增效就挤压我的选择空间;用户要的个性化不仅是因审美不同有差异化的想法,也是对家装公司不信任采取的反制措施以争夺主导权。

2015年大热的互联网家装是家装互联网化第一阶段,从标准化家装改造传统装修产业,基于标准化下做个性化,一个套餐三套风格打爆款,但这些SKU的选择更多是产品研发凭经验和逻辑推演,加上供应链的资源支撑给定了方案,很难是用户真正想要的,事实证明也成不了爆款。

经过2年左右的摸索,标准化家装发展为基于个性化下做标准化,不断扩大目标客群区间,增加套餐数量,增加风格数量,增加个性化解决方案等,提高订单转化率,减少流量损耗。但这样会进入一个怪圈,用户不喜欢,不满意就增加产品,增加服务,增加SKU,增加选择,治标不治本,还会降低企业的效率。

不是说标准化和个性化不能统一,可以,但得有足够的规模和用户服务数据,才能分析、计算出套餐的最佳选配方案和个性化升级方案,做到企业效率与用户价值最大化的统一。

比如很多材料企业每年都会推出很多新品,有的销量好,有的销量差,但你不卖,没有数据,你怎么知道哪个好?东鹏的"金花米黄"引领了抛光砖消费潮流达数年之久,让东鹏集团扭亏为盈,过了破局点,迎来快速增长,这是在长时间、大量产品走向市场后检验出来的。

但是要有规模,就会有密度,就会回到第一个天花板,口碑下降,这看似是一个死循环。

第三个天花板：家装对人的依赖性很难降低。

家装的标准化也可以分为从获客到签订合同的销售前端标准化，以及交付、售后的后端标准化。行业的现状是前端能相对标准化，如价格、展厅、谈单等，但后端的供应链、施工等标准化很初级。如果只是SKU的标准化，而运营、管理、组织等还是相对粗放，则是伪标准化。

而这些伪标准化的制定正是由人完成的，就算标准化是正确的、成熟的，但稳定性输出还是靠人，比如销售转化和工程交付，依托人的主观能动性和专业能力完成目标。

当这些标准化都依赖于人来做时，而人是最难标准化的。结果是标准化的提炼依靠人，要满足个性化和场景多元的需求；标准化的掌握依靠人，但多重多样标准掌握难，人员学习也慢；标准化的迭代也依靠人，但标准化有效期缩短，标准再迭代变难。最后成了"人"是标准化环节中最大的瓶颈和变量。

产品、运营、交付、服务等标准化遭遇人的瓶颈；信息化带来的效率提升，因人的差异也会造成使用差异。总之，现阶段来看，**家装标准化和信息化还是无法取代人的作用，人又是标准化最大的变量。**

四、突破千亿的"3＋1"模型

家装行业能不能达到百亿甚至到千亿规模，知者有个"3＋1"的模型可以从终局倒推出来。

一是设计及产品端。

设计及产品端主要解决三个问题。

1. 解决信任的问题

如何解决？品牌＋大咖设计＋前置化需求智能匹配。

前面也说了家装公司是没有品牌的，但家装家居大生态里是有品牌的，比如贝壳、万科、恒大、国美、欧派、索菲亚、顾家、方太、公牛等知名地产、家居、家电、部品的品牌是消费者品牌，如果能降维到家装行业会有很强的势能，这是目前来说较为可行的品牌解决方案。

再说大咖设计不是销售型设计师，而是懂材料、懂美学、懂用户，有设计经验，有生活经验，有用户思维，容易让人亲近，产生信任的生活方式大师，通过需求前置化的需求智能匹配，已经基本掌握了用户对于家的美好憧憬和实际的生活需求，专业能力强，签单速度快。

2. 解决签单效率的问题

怎么解决？超级数据库＋数智化云设计＋千人千面。

用户端的呈现是千人千面的，是数智化的，有巨大的真实装修数据喂养智能设计算法，有亿级的真实装修案例被数字化解构，覆盖了全国几乎所有的一线至五线城市的主要小区和户型，迅速捕捉用户需求，快速匹配设计需求，给出解决方案。

这里要解决需求拆解和产品呈现的问题，客户一看好像就是为自己量身定制的。有了前面的信任基础，这里又能快速匹配需求，对于大咖设计小组来说，一天签 3 个合同才是正常水平，客单价 20 万，一个月 1000 万产值，这是理想状态。

要注意的是，这里有几个隐含假设：一是品牌和大咖设计能快速建立信任，就像买车一样，因为此品牌进店，而大咖设计就是告诉你什么车适合你；二是适合的方案是基于大咖设计，根据需求洞察解析及数智化云设计的需求匹配得来的；三是大咖设计不是一个人，而是"小组＋数智化云设计"的协同体，有主咖设计、需求深化设计、颜值功能设计等组成，主咖是火车头，后面是自由组合的车厢。

3. 解决出图和报价的问题

怎么解决？BIM＋数智化云设计。

如果设计图出来的同时，施工图、材料清单和预算表也能准确无误出来,且预算=决算,就得通过BIM实现。

家装与BIM技术融合后,产生了BIM家装,可以实现精准报价,规范施工图,避免材料浪费。材料的属性、规格、数量、价格、生产厂家,以及装修隐蔽工程等施工交付都可以通过BIM家装实现在线化、数字化和可视化。这让整个装修完全透明了,而且数据可存储,可调用,试想七八年以后局部装修时拆改会极为方便,换装更快,省心、省力、省时。

2021年4月,打扮家被国美收购后召开了首次发布会,BIM智能装修平台APP上线。2024年打扮家的战略目标要达到5000亿元。这背后BIM是最重要的基础设施之一。京东战略投资尚品宅配的原因之一就是看好其BIM整装。

二是全链路的数字化。

不管是业之峰的根据地战略,还是圣都装饰的平推战略都是在布局城市扩张。拿圣都来说,第一个五年是平推战略,以直营店深耕长三角,开到200家店,温暖30万家庭,预计2024年当年业绩可突破100亿元。

所有的大规模扩张都要解决可复制性的问题,家装可复制的终极表现就是全链路的数字化。

1. 数智化云设计+BIM+ERP+滴滴化产业工人

整装是满足用户装修完整美好家需求的供给端变革,门槛很高,要同时具备产品够好、规模够大、效率够高和组织够强的四大正循环,且彼此适配,这很难的,并且是在设计、施工、材料、定制、家具、软装等多个细分行业同时被设计一体化整合的基础上进行,难度极高。依靠信息化可以做到百亿,但要到千亿级规模有可能是全链路数字化的平台化模式。

打扮家要实现5000亿元业绩,启动了六大合作者计划:设计壹佰城计划、大师合伙人计划、卖场伙伴计划、云设计师计划、新手艺人计划及材料+家居云导购计划。六大计划的底层基础设施就是信息化、数字化。

结合打扮家和贝壳新家装、新家居的逻辑,我们大致推演一下全链路的数字化呈现形式。

（1）在超级数据库的支撑下数智化云设计快速、准确捕捉用户需求，在设计师有限辅助下完成方案。这样，总部建立中央设计厨房，可以解决下沉市场没有大咖设计或者找不到合适设计师的现状。

（2）数智化云设计＋BIM让效果图、设计图、施工图、材料清单与交付一致，即预算＝决算，效果＝实景。

（3）施工数字化，建立各节点的施工标准，产业工人培训及考核后持证上岗。产业工人有等级，C级做不了A级的活儿，工艺工法也根据客户需求有分级。

通过数智化云设计＋BIM＋ERP＋滴滴化产业工人等实现所想即所见，所见即所得。

2. 全链路数字化的两个基础

全链路数字化最难的一环是施工，如果仍按照传统的水电木瓦油作业方式，大概率数字化会失败。

全链路数字化需要具备产品端装配化、交付端革新化两个基础：

（1）装配式装修发展到一定程度。装配式装修具备标准化设计、工业化生产、装配化施工和信息化协同四大特征。

建筑设计与装修设计一体化模数，BIM模型协同设计；产品统一部品化，部品统一型号规格和设计标准；由产业工人现场装配，通过工厂化管理规范装配动作和程序；部品标准化、模块化、模数化，从测量数据与工厂智造协同，现场进度与工程配送协同。你会发现，部品在最大程度标准化、装配化，对人的依赖性大大降低。

书中专门有一篇文章《智能建造之工业化内装——装配式装修发展与应用》来探讨这个问题。

（2）新技术、新工艺对交付带来革新。和装配式一样，核心就是减少对人的过度依赖。

比如,给手机充电可以无线传输,那么强电若能安全、稳定、无害传输,是不是就不用开槽?甚至连电工也不用了,省了多少事情。如果其他工种也可以优化和变革,对工人的依赖性会大幅度降低。

以上两点是与家装全链路数字化相向而行的,这条难而正确的路是对整个产业链的变革,没有长期主义的坚持是走不到最后的。

三是供应链的变革。

家装公司与材料部品厂商、卖场渠道、经销商的关系、利益会重构。

1. 卖场及线上重构,家居建材新零售崛起

家装行业具有重决策、弱品牌、超低频的属性,产业链一端是各个家庭千差万别的需求,另一端是品牌方标准化规模化的生产模式,中间隔着层层经销商和极其分散的服务商,低效的流通环节导致终端加价率居高不下。四万亿的家装零售市场,单靠家装服务来驱动,是很难改变"制造本位"的行业格局,以及做出行业影响力和真正改善客户体验。

另外,从消费者端看,痛点很痛:走进大卖场,看到一个 4 万块钱的沙发,产品很好,但是很贵,而且价格不实在,挑选和购物成本高;回到线上的综合型货架电商,搜索一个马桶,从 300 元到 2 万元都有,图片长得差不多,看两小时也不知道该买哪个;作为品牌方,获客太难,巨额的营销预算只能浪费在机场高铁站广撒网的流量上。

于是贝壳新家居、住范儿等公司要去变革。以贝壳新家居为例,预计 2021 年 10 月在成都开一家面积约 2.8 万 m^2 的新家居卖场,打破原有卖场收租、重品牌、店铺拼凑展示的隐含假设,而是重品类,轻品牌,重场景,轻单品,让用户和行业上下游都受益。

住范儿 CEO 刘羡然认为目前线上线下的零售卖场都是二房东模式,坐拥流量只卖货架,并不承担流通环节的职能。他们近几年及未来几年一直会探索的就是一种统一管理、控货、控场、控价、控服务的新型零售模式。

当然,这种新零售模式是否成功关键在于能否帮助用户选择更合适的产品,能否让品牌方更高效地触达到用户,从而提升交易效率,把终端加价率降低。

2. 家装公司、厂商和经销商的利益重构

百亿级、千亿级的家装公司会对核心能力做减法,前提是先做加法重塑产业链后长到那一级规模才行。

这类家装公司(平台)最核心的能力是两个。

一是产品研发能力和对上游供给端的改造能力,将大量用户需求拆解,反向柔性定制;二是全链路的数字化能力,将链条里的利益相关方高效协同。

因为百亿级、千亿级的家装公司的每个建材部品品类只跟一两个核心品牌捆绑合作,少则几个亿多则几十亿的采购量,厂商给的政策肯定优惠。圣都装饰与方太、国美、新中源、奥普、TATA、欧派、顺辉、索菲亚八大行业头部品牌"一心一亿"开展合作开了好头儿。

因吃产品差价已无法支撑整体运营成本,而家装公司对落地服务能力又有很大的市场需求,一些经销商会转型为服务商,做测量、送货、安装、售后等工作,赚取服务费,但更多的经销商无法适应变化而被淘汰。

部品企业带施工能力,家装公司成为产品研发公司,从施工交付中解放出来,通过BIM+ERP+滴滴化产业工人等数字化平台和基础设施,将落地交付由各厂商的服务商分解完成。

这跟房地产开发的逻辑很像。再看中国家电品牌怎么赢的?下沉到县城开售后服务中心,而洋品牌不干这事。

在突破千亿的"3+1"模型中,"1"是巨大的流量入口能力。

没有最后"1"这个流量入口,前面的"3"转不起来。

在设计及产品端需要"超级数据库+数智化云设计+千人千面"背后是规模的支撑,没有大量的真实用户数据,云设计就是单机版,千人千面的终端呈现就不可能有强大的柔性供应链支撑;全链路的数字化建设也不可能有足够的钱烧出来,得踩坑的,贝壳做万链家装、南鱼家装,以及投资了一批产业链企业都是用钱堆出来的,更不可能有改造上游供给端的能力,因为你没采购量,没人搭理你。

那么这个"1"谁具备呢?阿里、京东、拼多多等有线上的流量入口;贝壳找房有线下的存量房的入口,二手房交易后的翻新、局装或全装第一时间被拦截;物业有小区生活场景的入口,也能触达装修用户……

贝壳全资收购圣都后,若能打通全链路的数字化,加上圣都的组织管理能力、人才优势,以及自身的巨大流量导入,再与贝壳新家居联动,可能是最有希望达到千亿级的家装公司(平台)。

五、对家装家居业的一些思考

1. 贝壳在做的事情,你就不要做了

于我而言,2021年最悲伤的一个消息是左晖去世,这个可能给家装家居行业带来重大变革的人走了,行业像是没了主心骨,没了灵魂;2021年最振奋的消息是贝壳全资收购圣都,似乎又看到了行业变革的希望,备受鼓舞,因为我们渴望这个行业进步,渴望见证行业走向美好。

2020年10月底,我在杭州调研酷家乐,及贝壳投资的美窝、牛牛搭,正好Stanley(彭永东)带队走访这些企业,前后脚。那次他们去了圣都,后来关于贝壳投资圣都的传闻就有了。

3月底,我专门去北京与贝壳家装研究院汪启帆院长交流也问及此事,属战投(划略投资)部门负责,他没多说。4月底我去圣都和老颜交流,他谈到贝壳如何改造行业,和他们路径的差异,对投资一事刻意回避。

家装行业变革的底层价值观一定是"客户第一、走正道、利他达己",以此重塑产业链。变革来自外部的降维势能,与装修企业在供给端组合创新,以此改变供给的质量和效率。

而对于一些有理想、有追求的装修企业来说,贝壳在做的事情,你就不要做了,可能是浪费时间,如围绕数字化会诞生一些行业的基础设施,装修企业搞不了的。我们可以将业务逻辑不断解构,找到所谓的破局方法,但底层的基础设施发生变化了呢?赛道都会发生变化,不是一个维度竞争的。

大家装产业的变革一定会到来,没有深扎核心城市群布局的头部装修企业,没有三倍以上的发展势能的装修企业,靠着慢慢往上生长而挤进超级头部的可能性越来越小,留给它们的发展窗口期也会越来越短!

2. 什么样的家装家居公司值钱?

京东战略入股尚品宅配,在交易完成后,京东将持有尚品宅配8.83%的股份;贝壳找房以总价不超过80亿元人民币全资收购圣都装饰,该交易预计将于2022年上半年全部交割完成;家居建材新零售服务商住范儿近期完成2亿元人民币B轮融资,由金沙江创投、启承资本联合领投,老股东创新工场、嘉程资本跟投……

尚品宅配、圣都、住范儿,以及尚层、方林、爱空间、慕思等都是值钱的公司。如尚品宅配在数字化BIM整装上摸索三年,住范儿在家居建材新零售上试水成功,圣都在整装的市占率第一,尚层是别墅装修第一品牌,在规模10亿产值以上的家装公司中沈阳方林交付做得最好,爱空间是标准化家装的领航者,慕思是床垫第一品牌……

不难看出,值钱的家装家居公司,在一个赛道或品类里要么已经是第一,要么有成为第一的最大可能性。而且这个赛道或品类的成长性极好,增长空间很大。

3. 用户价值与"假动作"

我相信绝大部分有一定规模的装修企业是想服务好用户,是想创造用户价值,不想被贴上"坑蒙拐骗"的标签,嫌丢人。但在企业经营过程中,由于产品、获客、转化、交付、组织、信息化等关键要素各家企业的水平参差不齐，导致文化只上墙，口号嘴上喊，践行用户价值落不了地。

于是，家装公司在产品包装、供应链、施工交付、服务等很多方面的动作都是围绕营销进行的"假动作"，不一定创造用户价值，而是为了吸引到店，吸引下定，吸引签约。比如说刻意追求一些网红的施工工艺，并拍成短视频对外传播获客，然后有的用户发现自己家不是这样做的，留言吐槽，这就打脸了，成了负向传播。

但凡获客问题没解决，销售转化率不稳定，口碑回单率过低，即使坚持用户价值导向的公司的落地行为也会不自主往营销倾斜，生存都没解决，谈其他，太奢侈。应了那句话，当你的收入不能支撑你的爱好，那你所有兴趣都应该是挣钱。企业也是一样。

所以会看到一些企业对外表达的产品内容和实际交付是有差距的，不吻合，说得天花乱坠，实际执行大打折扣。因为不包装，不找差异化，就卖点不足，影响上门，影响转化，成了售前和售后两张皮，"双面人"。

4. 规模、效率与体验

都知道商业进化的路径是运营效率更高，产品及服务成本更低，用户体验更好，家装行业也是这样。但效率和体验是同步提升的吗？先有效率还是先有体验？规模在其中扮演着怎样的角色？

这得看是什么样的装修企业了。对于区域头部装修企业来说，规模是慢慢长起来的，比如做到5亿产值，可能就到了它的规模经济的天花板，再往上走，产品的适配客群减少，获客成本不经济，组织不支撑，管理跟不上，交付质量下降等问题就显现了，做到7亿产值还不如5亿时的利润高。这是有了规模，没了效率，体验也下降。

装修企业的区域规模会影响获客效率、供应链效率和交付效率，有的要素是随着规模的增加效率会提升，有的要素则会下降，比如工地质量，也会影响用户体验。也就是说效率高，体验不一样好；体验好，效率大概率不高。

导言

对面向中高端客群的装修企业来说,先有体验再说效率,唯一的产品就是服务,服务的本质就是体验;若面向经济型刚需人群,则得有规模,才能降低产品成本,才有利润投入信息化建设,再反作用力提升效率,体验可以是短板,但至少得和行业平均水平持平。

以上为导言,很多观点在书中都有论据支撑,欢迎大家指正!

穆峰

2021 年 7 月 21 日

目录 CONTENTS

第一篇　产业变革启示录

新家居时代的长期主义　002

从链家到贝壳，我们始终贯彻执行着这三个标准——"物的标准""人的标准""服务的标准"，并向整个行业横向扩展。我们的目标是让每一个行业都能在实践中建立标准，输出标准，最终实现平台化。

彭永东

新时期家装家居产业变革的底层逻辑　008

当年我们房地产企业最大的梦想就是年产值能超过一百亿元，后来万科提出一千亿元的时候，很多人觉得这不可能，但现在都六千亿元了。这是建立在对工业文明的理解上面，以及大家大量共同学习和思考的结果。

陈俊

10年300亿靠谱吗？装修新物种业之峰为何有机会成为产业现象级公司　013

根据地战略就是聚焦做大，将根据地的业务做大、做强，创建自己的主场，在一个区域成为行业现象级公司，比如业之峰在北京就算现象级的：第一，单城市产值过10亿元；第二，把竞争对手远远甩掉。

张钧

10年300亿，圣都要做家装界的"海底捞＋贝壳"，引领家装界新商业模式变革　018

我对圣都的定义不是一般的家装公司，而是消费类的公司，就是要做家装行业的海底捞，属性不同，价值便不同。另外，把圣都定位成零售渠道，成为设计主导和工程交付一站式的集中化服务商。

颜伟阳

精装政策导向下及物业地产商进入后，对家装市场走向的判断　024

未来的家装市场必将走向流量前置、产品细分、获客精准的时代。由物业房企及第三方平台代表的新的流量入口，整合相对标准化的产品，围绕售房前、售房中、售房后三个节点，深耕新房装修、旧房改造、精装后市场，做到获客、销售、售后为一体的新的产业形态，而装配式技术和数字化技术会进一步加快这个脚步。

杨铁男

中国家具业的未来之路在哪里　028

成品家具需要在功能和结构上做深度的思考和持续开发，满足大众的收纳需求和成本需求，而不是过多投注于审美方面，这样，才会真正回归到家具产品的本质上来。

林作新

定制家居品类扩充的理想与现实　035

多品类经营的最大误区，或者说我们每个人都会犯的错误——把我们自己能提供的产品等同于消费者的需求。

王飚

透视中国家具业，结构大变迁下的四大机遇与挑战　041

成品家具在弥补"定制"短板之后，开始"后来居上"，曾经被定制家具夺去的"风光"也可能会逐渐回归。

高单单

目录

2021年大家居产业十大消费趋势　049

消费层级越来越细分,甚至5年就是一个代际;定义用户不应以生理年龄划分,而应以心理年龄划分;"颜值即正义",没有高颜值,再大的品牌用户也会无视;千篇一律就没有市场,个性化的定制才是王者。

张永志

家居和家装,两条赛道正在碰撞与融合　058

原本分给家居卖场和家居经销商的蛋糕,要重新分配了。

许春阳

第二篇　商业重构再观察

从今往后有两种企业,有钱的买流量,有才的造流量　064

一个流量就是与一个用户的一次互动。我们缺的不是用户,而是与用户互动的能力。我们需要将用户互动能力,或者说数字化用户运营能力,升维至战略高度,否则,大概率会被降维攻击。

何兴华

家电业的成功经验如何迁移到家居建材行业　082

把产品和品质做到极致的是格力,把品牌和服务做到极致的是海尔,把研发和销售做到极致的是美的!当年家电业内有一句戏言:格力空调是造出来的,海尔空调是修出来的,美的空调是卖出来的。

朱元杰

传统辅材商互联网化转型,依然需要市场教育　088

辅材电商与材料市场的相互竞争,有人说这是一个电商蚕食市场的时代,但现在来看是两败俱伤的局面。

田晓东

"适应新场景、构建新交付",解析德尔的"护卫舰"模式　094

当下,随着我国房地产由增量时代进入存量时代,德尔审时度势,开拓创新谋转型,正式提出"场景生产战略"。

姚红鹏

拥抱定制家居时代的"冷思考"　098

"穷人是富人的边界",意思就是说,富人有良田万顷,穷人靠当佃农谋生,穷人在路边开荒所种的几平方米的菜地,富人就不应该去争夺。给人留活路,自己才能活得更好、更体面,社会才能更有包容性,更和谐。行业生态的建构,也应该如此。

周清华

方太在家装渠道"乘风破浪"的心得　105

2 年时间,营收 18 亿、增长 50%,见证它从零到一、从无到有的蓬勃成长之路。

方棋

定制家居无醛添加"价格战"背后,我们看到了什么?　109

那些因为价格而来的消费者,最终会因为价格离开;企业最终要为消费者创造价值,有合理的利润才能有更好的产品和更优质的服务。

胡艳力

新一代理想家装企业的模型标准探讨　115

在这个竞争激烈的时代里,理想、有竞争力的家装企业就是口碑驱动型＋价值驱动型＋产品力驱动型。

俞爱武

从 0 到 30 亿,从 1 城到 52 城后归零,家装行业价值 30 亿的惨痛教训　120

我很羡慕那些还活着的企业。因为企业对我们来讲就是生命,企业没有了,我们过去几十年白忙活了。

童铭

目录

这四大模型让你洞察家装行业的本质，看清未来 123

标准不成熟且不稳定是不可能实现产品化的，就像工业品制造，材质选择、生产工艺、包装规格等都有严格的要求，生产1万件和生产100万件，其产品在理论上是没有什么区别的。

知者研究

第三篇　降本增效提体验

"这届年轻人，你真的读懂了吗？" 136

现在的90后小夫妻，平均拥有60双鞋，而你还在量产只能容纳10双鞋的鞋柜，生意怎么会好？中国独居人口超过2.5亿，单身经济正在成为新的机会，有谁在为这个群体设计产品？居家办公规模以每年30%的速度增长，越来越多的年轻人选择SOHO办公，又有谁在为其居家办公提供产品？我们做了几十年的家居，可能从来不知道我们的用户是谁，他们在哪里，他们在想些什么。

徐红虎

不断向客户利益靠拢，不断为客户创造价值——新形势下家装企业的生存发展之道 141

回首前些年野蛮生长的家装行业，业内缺少敬畏之心，太傲慢、太自我，漠视消费者利益的企业不在少数。现在市场的变化以及疫情的影响恰恰给我们家装企业上了深刻的一课，同时也是一次自我审视、自我反省的机会。

杨渊

家装公司如何践行客户价值导向的产品逻辑 147

如果我们能利用自己的专业知识，从更多维度分辨产品，去除品牌附加力，让每一分成本都直接花在产品上，而不是依托材料品牌商给我们贴金，那么客户将获得更有价值的产品。

李帅

家装行业如何高质低价？"好的装修，其实不贵"战略的三大抓手和四个实施策略　153

要实现"不贵的价格"一定是靠在整个产业链中去实现成本和效率优化，把装修行业50%左右的损耗环节找出来，把省下的钱还给用户！

尚海洋

花11年做了一把椅子，卖了5000万件，爆发的真相居然是颗螺丝钉　162

组合创新的精髓就是这6个字：旧要素、新组合。

崔欣欣

软装的进化论　169

社会的消费形态在互联网开放的生态影响下，越来越国际化和扁平化，社会经济发展后社会信仰缺失，消费者追求断舍离和简单平和的精神生活，生活水平的提升让消费升级到超越产品本身的价值。所以，我们把2019年之后的十年叫做软装的黄金十年。

周志胜

做好整装的六个关键认知　173

只有整体设计，加上完整的产品供应体系和标准化服务体系才能让消费者所见即所得，享受真正的整装服务。

曾育周

家装企业的组织变革新方向及如何创建生物型组织　179

互联网是一个开放交融、瞬息万变的大生态，家装互联网化企业作为互联网生态里面的物种，需要像自然界的生物一样，各个方面都具有与生态系统汇接、和谐、共生的特征。

白杰

目录

一次个性化家装转型的企业组织革新历程　188

企业组织变革是随着企业发展进程和发展战略的变化所必然发生的,"革新"不仅仅是改变企业内部汇报关系、组建团队或者宣布一项全新的企业目标,你必须从根本上构建一个全新的企业战略,重新定义组织心智。

蒙延仪

财务视角下,从上市家装企业财报看其"经营五力模型"　193

财务视角下的家装企业"经营五力模型":一是营收规模(行业影响力),规模越大,市场占有率越高,行业影响力越大;二是净利率(竞争能力),净利率越高,市场竞争力越强;三是现金流(生存能力),合理的现金流是企业生存的保障;四是费用率(运营能力),费用率越低,运营效率越高;五是净资产收益率(成长能力),收益率越高,自身成长力越强。

知者研究

第四篇　科技驱动大家居

大家居产业信息化的光荣与梦想　206

酷家乐并不认同需要靠卖货才能将企业做大,当科技的能力足够强,能创造巨大的价值时,我们可以通过科技的手段赋能用户,通过科技价值获得利润。

陈航

人工智能技术应用将成为泛家居产业发展的新势力　211

我们使用各种 IT 系统的思维不能只从效率节约入手,这条路会越走越窄,我们应该从价值创造入手,这条路会越走越宽。

王国彬

装饰行业如何修炼数字化内功　216

数字化管理的核心是什么?不是管控员工,而是赋能员工,让员工成为企业数字化合伙人,爆发新的战斗力。数字化管理能力,不在于在线指挥员工,而在于协同网络,只有通过线上实现了新的协同网络,才能实现媲美或优于线下的经营效率。　　丁胜

技术赋能家装家居及对行业发展的四点展望　221

比较理想的场景应该是:业主根据自己的户型,问答式地输入自己的个性化需求,如装修风格、材料品牌、施工经验、装修预算、颜色喜好、各类功能需求,由云设计供应链平台自动推荐几套方案由业主选择。各类推荐的设计都会经过 BIM 技术做到一次设计全盘输出。　　陈伟昌

BIM 技术驱动家装数字化升级,实现整装所想即所得　226

BIM 技术在室内装饰领域如同"杀鸡用牛刀",换言之,家装 BIM 一定能够支撑起整装业务。　　颜传赞

智能建造之工业化内装——装配式装修发展与应用　230

把握装配式建筑发展的未来,关键是将一个产品完整的生产过程整合在同一个信息平台上,提高整体生产效率和管理效率,从而降低成本。　　肖良宇

如何破解窗帘行业的个性化定制与规模化供给的结构性矛盾　237

窗帘行业的定制化产品仍然占据 90% 以上市场,而定制化需求与规模化供给之间存在结构性矛盾,如果不能形成规模化生产交付,生产效率就无法大幅提升,无法形成新的社会化分工,就注定很难形成龙头企业。　　赵谦

工业互联网助力家居制造业转型升级　242

未来的家居企业,在工业互联网大潮来临的时候,如何找准自己的生态圈,找准自

目录

己在生态圈的定位,是一个关乎企业生存的问题。同时,找准自己的位置也就找准了企业转型升级的关键。

崔健

后记 *251*
致谢 *253*

PART **1**

第一篇

产业变革启示录

新家居时代的长期主义

贝壳找房董事长兼CEO　彭永东

从链家到贝壳,我们始终贯彻执行着这三个标准——"物的标准""人的标准""服务的标准",并向整个行业横向扩展。我们的目标是让每一个行业都能在实践中建立标准,输出标准,最终实现平台化。

贝壳找房从诞生之初,就将目光主要投射于二手房、新房市场。面对家装家居这样一个全新而又充满挑战的赛道,在过去一年中,我们以一个"后来者"的身份虚心学习,并进行了一些新的思考与实践。

一、行业之路

经过链家—贝壳十九年的实践,我们发现当前的家居行业,存在以下几个特点。

(1)家装家居行业赛道体量大,但行业的NPS(客户净推荐值)较低。NPS就是客户向其他人推荐某个企业或服务可能性的指数。很多行业的NPS都大于0,但目前二手房全行业只有链家NPS大于0,家装家居行业

NPS值也不高,这说明这两个行业的消费者体验较差。

(2)家装家居行业极为分散,行业大玩家不算多,产业资本过百亿的品牌屈指可数。同时在SKU(库存保有单位)赛道里,市场占有率超过7%的玩家也相对较少,大家居市场集合效应较低。

(3)消费者在家装家居上愿意投入更多的成本。从数字上看,过去消费者用于装修的消费额占房价的1%~2%,如今这个比例已经上升到3%~5%,并且未来会越来越高。

随着当前房产交易价格趋向稳定,房产交易量大幅放量,企业增长的动能开始遭遇天花板。市场环境趋势的变化,开始促使企业转变以往的市场导向,将势能聚焦于产业的升级、进化和提升客户消费满意度的方面上来。

二、发展之路

未来家装家居行业该往哪个方向发展,我们从以下两方面来看。

第一方面,贝壳上市之后,长期主义鼓励了很多人,同时也激励了很多同行业的人。因为家居行业整体属于慢行业,进化迭代速度较慢。所以,做难而正确的事情,要慢慢来,很多事情有本质的核心,选对了就随着时间做得越来越好,选得不对,投入的成本便无法沉淀形成核心能力。

贝壳彭永东

第二方面,任何行业的发展都有其标准,家装家居行业也不例外。

房产交易行业的第一个标准,就是关于物的标准,即"房子"的标准。全中国有三亿套房子,每套房子都是一个ID编码,具有不同的户型样式。所以,从2008年开始,贝壳开始做"楼盘字典",至今已有2.2亿套中国房子在贝壳数据库中。未来的设计、家装可以链接贝壳的数据库,参照"房子"的标准来输出产品所需要的内容与创意。

第二个标准是"人"的标准。不论是材料商、品牌方还是家装公司,企业都需要人在各环节中提供服务。尽管当下物联网、智能化发展势头迅猛,但科技无法替代人和人之间的交互,无法实现人和人之间独特紧密的联系与服务。

第三个标准是"服务"的标准。当前家居企业都在做"目标正确的事情",而追求目标正确本身,实质就是在追求"服务的标准",追求属于行业的确定性标准。

从链家到贝壳,我们始终贯彻执行着这三个标准——"物的标准""人的标准""服务的标准",并向整个行业横向扩展。我们的目标是让每一个行业都能在实践中建立标准,输出标准,最终实现平台化。

三、价值信条

在标准之上,企业还需要建立自身的价值信条。

(1)过去的房产家居市场,大都是一次性买卖,大家只注重单次博弈,而不关注客户体验。但随着互联网的发展,使产业形成闭环,口碑的影响力变得越来越重要。因为当下的消费者不仅关注产品与价格,还更加注重品牌与服务体验。所以企业想要为客户创造价值,首先就需要树立"关注客户体验"的价值信条。

(2)在中国,未来的服务业,服务者的价值会越来越高,他们对于自身能否得到尊重与关注的需求也越来越高。因此,企业该如何对待服务者,这是第二个需要建立的价值信条。

(3) 当前家居企业从公域开始寻找自身的私域流量,行业开始进入"战国时代"。"春秋时代"是为了取胜,"战国时代"则是要"灭国"。低劣产能、低质产品终会被行业淘汰,各家装家居企业通过链接各产业"合作共赢",这必是未来大势所趋。其中的核心理念"行业内部合作",是第三个需要建立的价值信条。

四、行业之痛

(1) 技术。技术对产业变化的影响不仅仅是数字性的,还包括智慧家庭、4.0工厂等方面。因此,技术革命可能会让产业发生不可预设的迭代变化。但是,产业只有迭代出标准,才可实现复制。

(2) 利润。今年很多企业随着规模增长,好像投入越来越大,但提高效率的路在什么地方,这依旧是个值得企业思考的问题。

(3) 消费者。随着社会的发展,人们的价值观念也在不断发生变化。每个人都希望被关怀,尤其是疫情期间,中国居住价值观的巨大变化,让消费者越来越关注家的品质。

五、五大矛盾

矛盾1:供给方与消费者。

在当前整个行业供给和需求发生巨大摩擦,企业面临着多结构性冲突、供给侧与消费侧之间的矛盾。过往的增长红利已逐渐消退,产品与市场如何正向迭代,成为了当下的行业难题。

矛盾2：品牌VS品牌。

随着家居行业市场竞争日益白热化，品牌与品牌之间的竞争，导致行业产能过剩问题加剧，并引发了大规模的价格战、营销战。

矛盾3：品牌VS渠道。

新的存量房时代正在来临，改善型住房需求成为一个新的市场风口。但市场存量虽增加，用户却没有新的增长。这就需要企业去发掘新的渠道和入口，同时应对这些来自渠道上的挑战与变化。

矛盾4：全行业从业者VS时间。

全行业从业者和时间的矛盾，让行业在负循环的情况下，很难建立起跨越周期的能力。

矛盾5：低下的组织效率VS行业进步。

我国很多产业都没有科学的管理，尤其当一个企业从分散到组合在一起时，就需要科学地对企业进行管理。而目前，中国很多的服务行业、企业并没有SOP（标准作业程序）概念，也缺少相应的系统化思维，这是未来行业进步时必然会遇到的挑战。

所以，面对当前行业存在的5大矛盾，我们需要做出新的改变，做难而正确的事情。

六、品质革命

品牌革命的核心：将消费者放在心中，让产品实现正向的迭代、品质的正循环。

一个好的产品品质能换来消费者的信任，而信任会促使消费者为下一代品牌继续买单。譬如当下大家都在谈的互联网精神，其核心就是将消费者放在第一位，注重消费者的体验感受。

第一篇　产业变革启示录

七、技术革命

家居产业的生产技术，本质上是经历了手工、工人和机器这三个生产要素的重新配比，从而延伸出新技术。而未来新技术的方向，则聚焦于数字化技术革命。通过科技、系统的赋能，让数字世界和真实物理世界彼此融合，让产业能更有效率地迭代并服务于消费者。

八、协同革命

我们发现行业迭代的最终目的有三个：一是消费者体验能不能更好；二是效率能不能更高；三是协同。 未来家装家居行业价值链条庞大而复杂，面对角色众多的市场，企业如何结合不同时期给出不同解决方案，未来只有协同各行业品牌，链接各产业链条，才能实现效率与企业的双赢。

对于贝壳，我们一直坚信长期主义，并坚持做难而正确的事情。

我们希望从今天开始进入家装、家居领域，并持续做一些新的尝试。希望通过贝壳在房产交易里的数据与底层模型，与家居行业的从业者们，一起去迭代这个行业，创造并孕育出更多新的可能和机会，让更多的人住得更好一点。

新时期家装家居产业变革的底层逻辑

一德集团董事长、艾佳生活创始人、中城联盟第八任轮值主席　陈俊

当年我们房地产企业最大的梦想就是年产值能超过一百亿元,后来万科提出一千亿元的时候,很多人觉得这不可能,但现在都六千亿元了。这是建立在对工业文明的理解上面,以及大家大量共同学习和思考的结果。

装修和房地产密不可分。上游地产提供一个半成品,而大家把一辈子最大的一笔钱买了房子,回去却住不了,还得折腾半年一年才能住。**这个问题的根源是早年我们国家的销售体系学的是香港的卖楼模式。其他国家不存在这种问题,都是成品住房的交易。**

还有个问题是装修企业规模都不大,我想起 1999 年地产界也没大企业,当时最大的房地产企业是万科,年产值为 25 亿元左右。那时王石和我们几个人在深圳开会,说这个行业一定要超过百亿规模,但没人会想到做到六千亿规模。

家装家居产业年产值过四万亿元,家装公司是有机会做到千亿级规模的,为什么没做到,我们要思考。

第一篇　产业变革启示录

一、从三个文明的视角看家装公司的规模

我们现在看半包家装，你买材料我买辅材什么的，都属于农耕时代。当年服装业也是如此，年纪大点儿的人自己买布然后给裁缝加工；早年我们的家具也是买一些材料之后找木匠定制。

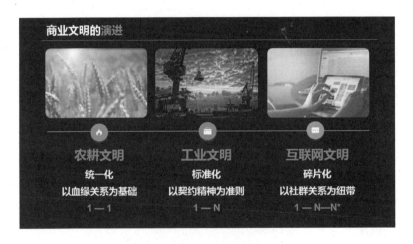

商业文明的演进

工业文明时代，不标准化就实现不了规模化，但是老百姓又追求个性化，这个矛盾怎么解决？再到互联网时代，有了社群经济。这三个文明导致的结果是什么？你从什么角度来做，它的规模是不一样的。

比如说出租车，当年坐面包车都属于农耕时代，还要讨价还价，红星美凯龙卖家具也处在这个阶段，后来出租车就有了计价器，再后来大家用滴滴。**这三个都是做出行，但企业价值完全不一样**，滴滴的价值基本上到千亿级，出租车公司价值大概几千万元人民币。

再比如庙会，我们以前逛的庙会就是农耕式的，在某个村子大家约好哪天下午把东西拿出来交易，有区域限制；美国人在工业时代为圣诞节促销搞了"黑色星期五"，所有的商场 24 小时营业；再看"双十一"，2019 年销售额

做到了4000多亿元。其实这三个都是做庙会的,只是通过不同的方式,规模也就不一样。

今天中国地产能做到六千亿元的规模,完全是建立在对工业文明的理解上面,以及大家大量的共同学习和思考。2015年之前我们每年跟日本大阪有一个中日大阪论坛,日本把住宅产业化,新的思想传达给中国的制造业企业,这对我们帮助很大。现在我国家装行业达到三四十亿元产值已经是大企业了,当年我们房地产企业最大的梦想就是年产值能超过一百亿元,后来万科提出一千亿元的时候,很多人觉得这不可能,但现在都六千亿元了。所以大家对家装家居这个行业一定要有信心,做到千亿级别完全是有可能的。当然首先我们要突破一百亿元。

二、家装公司规模化的挑战

第一个方面,传统家装解决了老百姓个性化的问题,工装解决了标准化的问题,但是今天老百姓要规模的个性化。

简单来讲,在新房市场我们就解决了一千户,而且每家都装得不一样,工装做不了。每家都不一样,但又集中在一个小区做下来,地产商也希望有这样的企业做这样的事情。我们最近几年给几个大的地产公司做这种配套装修,还是有收获的,2018年就接了3万多单,如果按照30万元一单算,产值就达到了90个亿。只不过不好统计,因为我们的交付也是和各大装修企业配合的。其实可以看出来,将定单量做到上百亿或几百亿没什么难度,关键是交付质量如何保证,这是难点。

第二个方面,国家住房和城乡建设部这几年一直在推成品房,如果成品房100%覆盖,那么家装至少少了1.5万亿元的市场。

江苏省出了很多的文件,如果按照住房和城乡建设部的规则,精装房会出现很多的问题,因为政府要核价,最后物价部门也很头疼,老百姓也头疼,开发商表面上为了装修能赚一点钱,实际上也是怨声载道。精装修会推迟半年交房,增加了不少财务成本。**所以后来我提出,开发商能不能再回到毛坯房,然后由装修公司装完,到整个验收时,再二次验收,这样会开放 1.5 万亿的家装市场,对金融机构都是好的。**因为这块划入工装里面,属于房地产,很难有金融支持。如果把建装分离,开发商做毛坯房,装修由社会化企业重新来做,会避免前面的问题。

我分别跟江苏省住房和城乡建设厅、南京市主要分管领导做了多次研讨,最终相关部门决定可以选开发商的精装房,也可以自己找装修公司来做,这样给整个行业撕开了一个缺口。在限价期间,比如定每平方米三千块钱的装修标准时,地产商又想赚点儿钱,这会导致事情变得非常复杂,所以我们希望能够在这个问题上有所突破。

三、家装规模化,从互联网文明出发寻找解决方案

当年很多人不相信线上可以买贵重的东西,现在汽车、房子甚至连火箭都能线上买了。互联网作为一个新兴的技术工具和思维方式,应该得到大家的高度重视。

从大众点评、美团到滴滴出行,每一个都在改变我们的生活,包括投入巨资在社区团购卖菜的几个平台,让鸡蛋几毛钱一个。人们在这样的狂热轰炸下,消费行为就会发生改变。现在"90 后"很多都不做饭了,都点外卖,那么以后装修还要厨房吗?这些要引起我们的注意。

像美团有 400 万名外卖员,现在的战略是什么货都送,家具也送,你怎么跟它比?装修基本上没有产业化,这个问题如果大家不深度思考,想做大很难。当然我讲的这个事没有那么简单,需要大家一起来努力。

怎么解决呢?我举个例子,**比如某个省,有无数个家装公司,能不能把各板块统一起来,如接单归接单,设计归设计,施工归施工。**其实手机行业

有那么多竞争对手,最后都是在一家生产;你去河南富士康看看,一条条生产线排在一起,都是竞争对手。

回到家装行业,我们为整个点、线、面做了一个中台,大家不是竞争关系,是合作关系。我们没有专门的销售人员,用开发商的职业顾问做销售工作;我们没有专门的设计师,只有设计管理,管了几千上万个来自不同公司的设计师;我们也没有做交付,通过信息化系统、视频等做交付管控。所以,家装链条上不管你做什么,大家都能合作,只是你要有效率。

简单来说,我们在做家装行业的底层操作系统,有300多人的研发团队,投入了好几亿元,把整个需求全部连接起来,产生交易,然后各家再来分工协作,最后形成一个产业链,就像谷歌的安卓系统和苹果的IOS系统之于智能手机一样。

我们从科技产业化的技术创新到创建可靠的服务平台,2015年才开始,2016年估值达到了10亿元,2018年估值达到了60亿元,已经超过所有上市家装公司的市值。我们没有按家装公司的思维方式做,走了一条新的探索之路,希望能给大家一些启发。

10年300亿靠谱吗？装修新物种业之峰为何有机会成为产业现象级公司

业之峰董事长　张钧

根据地战略就是聚焦做大，将根据地的业务做大、做强，创建自己的主场，在一个区域成为行业现象级公司，比如业之峰在北京就算现象级的：第一，单城市产值过10亿元；第二，把竞争对手远远甩掉。

2020年业之峰签单产值实现强势增长。

2020年12月18日，业之峰发起"年终收官云直播"，我提出了业之峰的新发展目标：5年100亿元，10年300亿元，即在2025年实现100亿元销售额，在2030年实现300亿元销售额。

一、产值逆势增长的背后逻辑

"疫情逼出新武功"，是我对业之峰直播的核心诠释。从2020年2月至今，我已经连续做了14场直播，围观量从80万人增加到800万人，网红"钧哥"也由此诞生。

直播带来的是一个新时代，从最早的"坐商"，到后来的"行商"，再到"电商"和"微商",现在则是"播商"的时代。通过直播和严选,直接带动了业之峰品牌势能的提升,延伸出"钧哥严选商城"新产品,使得业之峰获得了一个免费的"云大店",在竞争中实现降维打击。

这对于业之峰的产值逆势增长很关键,再加上企业学习中华传统文化,敢于创新和逆行,以及把握住了"整装"这个风口等,才用4年时间实现了全包圆整装单一城市年销售额过6亿元,站在整装风口,创造了行业佳绩。

让业界称道的是,业之峰在疫情期间的暖心之举,2020年大年初三为武汉捐献100万元现金,2月份为武汉分公司"强行"发工资,以及3月份宣布"不减薪不裁员"等,在当时颇为艰难的时期,做这些殊为不易。

正是因为这些大爱,业之峰很好地凝聚了人心,增强了员工对企业的情感,为后续的业绩增长奠定了基础。

二、"10年300亿"的底层结构

我想要用10年时间,将业之峰打造成为年300亿销售规模、20亿利润、50倍市盈率的千亿市值"新物种",做产业的现象级公司。

很多家装企业在全国市场做到10亿或20亿的规模后,便很难再上一个台阶。其中的原因,主要是缺乏结构的支撑,这也是家装领域很少出现"新物种"的根源所在。

而这对于已经拥有新扩张模式的业之峰,并不能形成束缚,业之峰已经具备突破规模瓶颈的实力。具体来看,主要体现在以下五个方面。

第一,家装市场迎来了整装春天,这是一个千载难逢的时机。

对于家装行业的发展,做大规模的前提是用模式来突破,整装便是家装产业真正实现规模化的模式。

早在2017年,业之峰便创立全包圆整装品牌,目前已经成为了行业内首屈一指的整装品牌。2020年,在北京二次疫情的情况下,产值还突破了6

第一篇　产业变革启示录

亿元,创下新品牌快速增长的新纪录。

可以说,全包圆已经成为了业之峰的第二增长曲线。除此之外,业之峰还拥有诺华整装品牌,目前增长也很强劲。全包圆和诺华整装两大整装业务,将会推动业之峰大幅度地开疆拓土,助推产值的提升,未来整装将占据300亿目标销售额的70%。

第二,践行"多根据地战略"。

此前,业之峰的战略是"百城百店百亿",如今调整为"多根据地战略",即聚焦做大,将根据地的业务做大、做强,创建自己的主场,在一个区域成为行业现象级公司,比如业之峰在北京就算现象级的:第一,单城市产值过10亿元;第二,把竞争对手远远甩掉。

大家不能老想着扩张,要去除贪念,把核心区域无限做大,越是有优势的地方发展越容易,而不是像原来摊大饼似的。业之峰今年确立了7个优势城市,4个根据地孵化城市。未来将聚焦这11个地方,优势资源集中投放,从而做大、做强。

从原先的"百城百店百亿"到如今的"十全十美、十城百亿业之峰";从100亿为起点,每年增长25%,5年就到300亿了,达到这个宏伟目标的挑战并没有想象中那么大。

另外,家装行业对战略的思考太少。业之峰有战略部,有战略副总裁。第一,战略部要做业态综合分析、调研;第二,制定出战略;第三,战略实施落地;第四,战略的进化、升级,迭代。现在所有业之峰的决策,都是管理层和战略部门对战略的领悟拔升了以后的决策。

人都是愿意做紧急重要的事,不愿意做重要不紧急的事,战略完全是重要不紧急的事,我对重要不紧急的事,还是十分关注的。因为有战略部,我们经常在研究,对未来的趋势,所以我频频"出手",动作特别大,其实都是符合战略的。我们要自问,每个动作都是符合自己的根据地战略吗?符合效率为王,效率为先吗?套公式看一遍,没问题再上。

第三，今后3到5年，业之峰将明确践行"一心一拉三推"的发展策略。

其中，"一心"指的是拥有一颗真诚为客户服务的心，通过"致良知"的学习，心中宝藏的开发，建立新商业文明，真心对客户好，做有温度的装饰企业；"一拉"是指"类垄断·饱和性攻击"的媒体传播方式，让更多的顾客充分了解业之峰；"三推"则是指十年质保、入住环保、全程管家。

今年，业之峰拿出上亿元进行大剂量逆行投放，与分众传媒签订广告大单，就是"类垄断·饱和性攻击"的媒体传播方式，为业之峰快速发展起到了推波助澜的作用，也是将来做大做强的底气所在。

第四，签订战略合作商，与材料商建立战略联盟关系。

聚焦少数、优质、有共同价值观的供应商，充分打通，充分互动，建立你中有我、我中有你的"镶嵌式发展"，互相借势，大踏步往前走，在供应链上赢取更大的优势。

第五，招式会用老，创新必须持续，只有持续创新，才会成为产业引领者。

一是降维打击。做直播，钧哥商城就出现了，底下几千号设计师必须卖货，进行考核，然后就开始走货，这又跟整个客户的会员制打通了，从未来看，这就叫降维打击。这个降维打击我会永远铭记，并且会不断地创造出更多纬度的向下打击。

二是跨界创新。现在从竞争对手身上学习的东西越来越少，从跨界思维学到的东西价值越来越大。经常跨界，然后模仿。跨界、模仿、平移、变通、落地，十字方针，这是我的创新源泉。

三是良知清澈的一颗心。我看到这个行业的污浊点，必须把它干掉，改变的过程中，对客户好的一个心特别纯粹。这颗心得到充分释放了，公司就变得有温度了，与众不同了，变好了。

若客户在流血，我的心就在流血，所以这也是我玩命要做整装的原因，原来我觉得做整装有点低微，是在往下走，也有一点不屑，现在我发现这是

第一篇 产业变革启示录

良心，是良知，这是解决客户的痛，使客户别进坑，站在这个高度上看，这难道不是应该做的事吗？

我还要推出水电全包一口价没增项的业务，把家装的坑一个一个都填上，引领这个行业的进步，做受人尊重的公司，这是我现在乐此不疲的一件事。

这些创新既有门槛，又有独特性，而且还有我的坚持。这是一种超级有力量的东西，再加上踏上整装的风口往前走，将来肯定会越来越好。

以上五点，是我根据业之峰的企业文化、战略布局、业务模式凝练而成的，站在整装市场的风口上，业之峰"10年300亿"的目标，是有很大机会实现的。

10年300亿，圣都要做家装界的"海底捞＋贝壳"，引领家装界新商业模式变革

圣都装饰董事长　颜伟阳

我对圣都的定义不是一般的家装公司，而是消费类的公司，就是要做家装行业的海底捞，属性不同，价值便不同。另外，把圣都定位成零售渠道，成为设计主导和工程交付一站式的集中化服务商。

一、用消费与零售来重新定义家装公司

过去家装公司做不大，最根本的问题，是没理解 10 亿规模的装修企业与 20 亿规模的装修企业、30 亿规模的装修企业，不是一种公司，**不能拿过去 10 亿公司的经验来理解、经营 20 亿甚至更大规模的家装公司**。圣都喊出 300 亿目标，肯定不是过去所有装修公司的模式能够概括。

这里对标了两个行业。

第一个对标对象是餐饮行业。因为有了海底捞，目前餐饮行业估值都很高，餐饮属于消费，是投资者追逐的赛道。家装，很明显，是大消费的范畴，衣食住行，住当然是重要板块，有数万亿的产值。大赛道，当然能产生大

第一篇 产业变革启示录

公司,过去没有大公司,不代表未来没有大公司,过去产生不了大公司,不代表未来不能产生大公司。所以,我对圣都的定义不是一般的家装公司,而是消费类的公司,就是要做家装行业的海底捞,属性不同,价值便不同。

第二个对标对象是家居建材渠道零售公司。这里的标杆,可以是瑞典的宜家,也可以是美国的家得宝。宜家虽未上市,但产业人士对宜家高价值的认知是显而易见的。家得宝是美国上市公司,有 1000 多亿美元营收,3000 亿美元左右市值。家得宝主要基于美国等北美市场,而中国有 4 亿新中产人群,大海一定产生大鱼,中国为什么不能产生这样的大公司?很显然,是一定会产生的,只是时间的问题。

目前,零售渠道的估值至少是现在销售额的 2 倍。

家装公司为什么有机会进化为零售渠道型公司?在整个产业发展的过程中,圣都为什么能得出这样的结论?因为精装修政策和 2020 年的疫情加速了变化,这个问题以前就存在。装修的逻辑就是能够满足客户装修完整家的需求,单品已经很难满足客户需求,而且销售成本很高。

同时,整装与定制合作,因为只有定制是精装修最后的切入口,有定制,有局部改造能力,家具、电器就能顺带一起定制及销售,圣都就成了带服务的零售,而不是简单的零售。零售买卖是靠价格便宜,而圣都不是靠价格便宜,而是靠服务和解决客户的一站式需求,前面两个流程都完成了,后面的家具、电器顺带一起完成了,这也是圣都与索菲亚合资建厂的战略意图。

家装公司已经占据产品零售渠道份额的 50% 以上,只是目前家装公司没有话语权,都在设计师手上,但整装公司就具有强势的能力,用什么材料是由公司决定的。因为这一点,装修公司自然就变成了强大的渠道,具备零售的价值。**服务很难复制,但零售就可以。**

过去家装行业规模不经济。首先,如果把家装公司定义成服务,一定是规模不经济。当你把家装公司定位成零售渠道,能规模不经济吗?厂家品牌在那里,卖一个亿和卖十个亿价格能一样吗?因为家装公司变成渠道公司,只不过是零售属性,所以就实现了规模经济,这个渠道的力量是很大的,是设计主导和工程交付一站式的集中化服务商。

其次,圣都跟方太签了价值一亿的战略合作协议,这对家装行业意义非凡,对方太意义非凡,对圣都公司也意义非凡,因为这件事代表了家装公司是很强的渠道,所以我全力以赴推进这一个亿的销售,以此宣告家装公司在产业链中的巨大价值。

二、圣都扩张战略的三大基石

第一个基础是装修产品化,整装模式。

第二个基础是组织能力,组织能力是圣都的核心重点。组织能力体现在哪里呢?是集团管控加上事业部制,公司现在有两百多个事业部。我为什么今年能同时开30家公司(其实要开100家都能开),这是我的组织模式决定的。公司目前分10个大区,下设200多个事业部,200多个事业部经理,未来就是200多个店总,我们是事业部制,不带副职,**是一个裂变式的组织模式,类似于阿米巴模式,这是我们目前最核心的组织能力。**

第三个基础是圣都强大的系统。圣都有强大的内部管控体系,如果只有裂变的组织模式,没有强大的内部管控体系,随时会爆雷。如果你开了很多门店,最后收不住怎么办?比如内控原来是手动拆解,现在是自动拆解,所有成本都是可控的,签订合同、派单、客户评价、工人结账都可以在平台上进行,所有单元全部打通。圣都有1600名后台员工,其管理成本还是比较高的,圣都去年的人数是4500人,今年是3800人,减了700人,但业绩增长了31%,现在人效是100万,未来人效会达到200万,这都是系统带来的。

圣都最后的目标就是建立行业的规范,建立行业信任生态。强大的内部管控体系加上组织裂变模式支撑了运营,能开店、能管控、能收益,这是圣都最主要的核心。

第一篇　产业变革启示录

三、三个五年计划，一场跨越 15 年的目标与路径

未来 300 亿的目标与路径，战略方向分以下三个五年计划。

第一个五年计划：实现 100 亿目标。

首先我们深知家装行业是区域型公司，我们是区域平台，在省内深耕，在浙江省做到每个县市，达到了 30 多亿；在江苏省也做得还可以，有将近 4 个亿规模了，明年在江苏还要开 20 家店，苏中南覆盖到县，因为在浙江省也就 2016—2017 年两年时间覆盖完毕了。安徽明年开 6 家店，我就深耕长三角，圣都的平推战略是密集覆盖长三角三省一市，达到 100 个亿的目标，2024 年就可以完成，这是第一步战略。

第二个五年计划：实现 300 亿目标。

怎么做到 300 亿？怎么遍布至全国？首先一点要考虑的是资本战略，不是自己开店，而是以加盟连锁、并购、整合和合资的方式。现在已经很多人找我说能不能跟我合资，能不能加盟我们，目前我全部拒绝，因为我说我直营店做得还不是很好，管不了你们加盟店。

圣都模式是按照华住的组织模式做的，华住在 2013 年深耕直营店，后面才开始做全国连锁店。圣都的加盟连锁店预计会在 2024 年以后开始接受加盟，但是会先试点一两个，比如说跟其他省当地的龙头家装公司合资先做一两个，这样模型出来以后呢，开到全国一年就够了，就算放慢速度，两年也能开遍全国，开到全国各个城市，刷新家装行业的估值。

第三个五年计划：未来要成为贝壳这样的公司。

但是这件事情目前不能做，为什么？贝壳强是因为链家强，所以圣都先得成为家装界的链家，做到 100 亿、300 亿，才可以考虑贝壳的平台模式。有 300 亿的时候再做平台模式，那圣都就会快速地发展起来。圣都未来可能会出现两家上市公司：第一家是装修公司的上市公司，就是按照零售公司

模型打造的；第二家是平台上市公司。当然说这个目前还早，会分开推进，这是10年后的事情。

圣都目前就是想成为像海底捞、永辉超市那样的企业，做垂直公司，而不是平台公司，这样也可能做到一千亿营收，未来才会考虑做垂直平台。

四、探索之路的失败经验

圣都能走到今天，经历诸多曲折，总结的经验有以下几点。

第一点就是关于内部组织结构的问题。 圣都曾经有段时间是"诸侯制"，导致圣都的组织有点失控，2016年组织改革后，所有子公司都改成了分公司，现在分公司负责人都变成了集团公司的股东，由我变成了我们，目标只有一个，就是把公司做好，把集团做好，这是一个很大的变化。

第二个就是模式的调整。 圣都经历过两个重要的波段，2013—2017年5年翻25倍，但我认为那些销售数字不重要，因为那是2010—2012年3年积累和沉淀的结果，我当时纠结的是，如何推动整装模式的改革。

当时之所以进行整装转型，原因有两点：第一点，不想员工靠灰色手段做这个事情，不能拿回扣，一定要走正道；第二点就是半包模式客户太累了，公司也很累，项目经理也很累，没有一个人获益，后来发现只有整装对大家才有利，2011年公司就推出每平方米一千多元的整装模式。

之前家装公司根基太薄弱，组织能力不够，所以厂家通过代理商的模式将产品卖给了客户，这条路径非常好，代理商可以快速地扩张，给他们的客户带来实惠。但是这个问题是过渡性问题，其实没解决客户要装修完整家的需求，只是解决了简单的产品需求，未来发展方向一定是一站式整体解决。

2017—2019年，这3年我非常纠结：第一个问题是组织变革；第二个问题是规范经营，这是一个非常艰难的过程，很多人迈不过去，但圣都走过来

第一篇　产业变革启示录

了；第三个问题就是三年前的扩张失败。当时没认清这个阶段行业的本质是区域性的，扩张还是有风险的。当时应该把力量集中在深耕江浙、长三角，所以后来我把策略调回来了，目前就主营江苏市场，然后在安徽、上海密集开店。因为家装公司有个特色，宁波做得再好，但金华没听说过，所以说圣都现在是以地区为单位开店，不是以省为单位开店，以这种深耕的方式，践行平推战略。圣都现在的店都不大，是标准店模式，分成 L 型、M 型、S 型，L 型 3000 平方米，M 型 1500 平方米，S 型 800 平方米，按照零售店的开店模式进行。

圣都的核心价值观就是要走正道。我的使命就是重塑家装行业。具有这个价值观，这不是圣都一家公司能做好的，而是要很多公司一起，像餐饮行业，一大把公司都是很强的。

我提出 10 年 300 亿的目标时，还设置了一个前提，自己成长 10 倍，团队成长 10 倍，最后做出成长 10 倍的公司。我个人与 2019 年相比，已经成长 1 倍了，业绩增长的背后原因是我成长了。

精装政策导向下及物业地产商进入后，对家装市场走向的判断

有住网董事长、少海汇创始合伙人　杨铁男

未来的家装市场必将走向流量前置、产品细分、获客精准的时代。由物业房企及第三方平台代表的新的流量入口，整合相对标准化的产品，围绕售房前、售房中、售房后三个节点，深耕新房装修、旧房改造、精装后市场，做到获客、销售、售后为一体的新的产业形态，而装配式技术和数字化技术会进一步加快这个脚步。

近年来，全国各地大小楼盘都主推精装房，精装房比例急剧上升。有数据显示，全国一线城市，特别是北上广的楼盘市场，从2019年开始，精装修交付比例基本上可以达到百分之百。而在前几年，精装交付比例才30％左右，越来越高的精装房交付比例让传统家装行业处于更尴尬的局面，导致了家装零售行业的萎缩。

一、流量获取难

传统家装行业经历了从线下门店获客到互联网获客的过程。虽然这些

年随着市场变化而不断创新,但是当下的获客难、获客成本高等问题仍然困扰着家装行业。

如今,中介机构以及物业公司都在进军家装领域,同时持续开展新房和二手房装修市场,这些都将近一步减少传统家装公司的用户流量。

二、在这种背景下,传统家装行业必将迎来新的变革

随着我国居民生活水平持续改善,住宅销售面积持续上升,存量房市场逐渐释放,我国家装行业显露出了广阔的增长空间。值得注意的是,存量房装修比例近年来持续走高,老房改造、旧房装修的消费需求成为行业新的增长点。

同时地产物业公司、中介机构紧跟精装修政策引导,利用天然的获客优势,深耕家居市场,与家居建材品牌、定制家具品牌直接合作,从上游直接切入家装市场,抢占先机。

在流量为王的时代,这一点使整个家装行业的流量获取发生了质的改变。

比如贝壳网,拥有几十万名经纪人,一年至少有几十万成单量,他们的二手房和新房成交后的装修业务就有很可观的市场。另外,全国性的地产或者物业,如万科、恒大、金科、海尔等,这一类全国性质的地产开发商,在售房时已经植入了装修产品。比如,金科物业为了提高毛坯房去化速度,委托有住网针对毛坯户型进行精装修设计,扬长避短,大大促进了毛坯改精装房的销售速度。

新兴市场中,既有针对清水房的整装产品,又有针对精装房的精装后市场软装、定制、家电这些产品。有住网与恒大地产、金碧物业强强联手,布局精装后市场局改业务,可以迅速落地,由恒大楼盘全面铺开到全国各地。

从原来的买了房子后才是客户,到现在买房时就是客户,这给传统装修

企业带来的是致命的打击！因为当以传统方式获取客户信息时，客户装修订单已经确定完毕。而且目前这种由物业、房企主导的前置到案场的销售模式已经逐渐成熟，逐渐规模化，并且已经开始重点研究落地的转化率、客单值、售后服务这些问题。

所以不管是中介还是房产物业，当他们开始深耕家装行业，必定会引来一场新的变革。

未来的家装市场，必将走向流量前置、产品细分、获客精准的时代。

未来的家装市场将会由物业房企及第三方平台代表的新的流量入口，整合相对标准化的产品，围绕售房前、售房中、售房后三个节点，深耕新房装修、旧房改造、精装后市场，做到获客、销售、售后为一体的新的产业形态，而装配式技术和数字化技术会进一步加快这个脚步。

装配式装修作为近几年的行业热点，凭借其标准化生产、短安装周期、降低噪声及粉尘污染等优点，将在保障房、公租房及老房改造等方面发挥所长。家装数字化是另外一个不能被忽视的行业发展特点。从信息资讯的线上化，到在线设计软件，再到家装软件BIM的出现，家装行业数字化越来越深入，应用场景也更加多元化。

装配式技术和数字化技术到来前，地产会选择类模块化装修去促进自己本身的产品力，加速与其他地产商的竞争。 比如某些地产集团的美居业务，与地产业务独立，分为ToB（专注于支撑前台业务，服务公司管理制度的系统）、ToC（专注于业务前台，主要负责直接提供给个人用户（C端）使用的产品）两种业务类型。ToB业务主要是针对开发商，为开发商提供毛坯房装修服务，输出装修标准，并提供从硬装到软装的完整装修服务。ToC业务主要针对小业主，对于购买房子的业主，提供选装加载，即在原有装修交付标准基础上，可以根据业主实际需求提供升级、加载服务，比如地板升级、中央空调加载等，这个业务可以增加地产精装交付的差异化服务竞争力，通过精装基本配置基础上的延伸，达成用户真正的拎包入住。

第一篇　产业变革启示录

装配式技术和数字化技术到来后,工期极速变短,数字化技术的加持使供应链可能更规模化、精准化,装修工人将变成与现有电商平台的家具类安装师一样,技术门槛变低,会进一步促进地产商的精装模块化发展。

将来,家装领域将由四大版块坚定生存力量:新兴材料即装配式材料的生产商、数字化技术的服务商、具备设计力的整合商、地产或其他流量渠道的服务商。

新兴材料即装配式材料的生产商,将满足旧房局部翻新的快速工期需求,解决老房重装改租赁市场的痛点。

数字化服务商将在线上第一时间吸引用户视线,通过BIM、AR、VR等行业通用软件,渗透地产、物业、装饰等各个相关企业,轻松占领各大市场,获取用户流量。

具备设计力的整合商,将冲击每一个公司的流行设计搭配、供应链体系搭建及服务承接能力。

为地产公司或其他流量渠道服务的服务商,凭借自带的信任感优势,将成为各大家装企业的强大背书。

持续革新和互信协作,必定是未来家装时代的生存之道!

中国家具业的未来之路在哪里

亚洲家具联合会前会长,北京林业大学教授、博导　林作新

成品家具需要在功能和结构上做深度的思考和持续开发,满足大众的收纳需求和成本需求,而不是过多投注于审美方面,这样,才会真正回归到家具产品的本质上来。

一、设计是第一位的

做家具的人讲产品的很少,很多人热衷于讲营销,其实产品是最重要的。设计做得好不好,决定了最后产品好不好卖,产品开始于设计。设计都没有,全屋、整装、全屋定制,都是在纸上谈兵。

可是很不幸,全国有多少合格的设计师?很少。5年前中国取消了设计师上岗证,很多设计师是自己以为的设计师。所以我们首先要建立合格的设计师队伍。

设计分为三个部分:一是美学外观,现在大部分都是美院的毕业生去做设计,主要关注美学;二是功能,涉及怎么用;三是结构,需要力学、结构学方

面的知识,这方面设计师尤其欠缺。

我在大学从教几十年,但是很惭愧,我没有培养出合格的设计师。因为设计水平的缺失,所以很难做出好产品。现在流行的北欧和新中式,大部分产品都是雷同的,你抄我,我抄你。

希望从业者踏踏实实设计出一些适合中国人生活的家具,好好研究今天中国人需要什么东西,什么样的家具适合中国人的生活?而不是玩概念。

二、中国人应该有自己的中式家具

美国有美式家具,英国和欧洲有英式、欧式家具,日本也有日式家具,我们中国当然也应该有自己的中式家具立足于国际。

在美国,其实总共也就 5 种家具风格,分别是 Queen Ann(安妮女王)、Louis(路易十五)、Mission(使命派)、Country(乡村)和现代风格,前四个加在一起,便是我们俗称的美式家具。在我看来,中国市场上的家具五花八门,风格太多!当下流行的所谓简美、简欧、小美、新中式、当代中式,包括轻奢都不会成为主流,而依托于中国人自己的生活方式,满足大众消费和审美的中式家具最终才能成为主流。

目前的新中式或现代中式,只是设计中式家具的过渡产品。只有当我们抛弃了唯红木论,唯中式传统文化符号论,不再过度强调美学和材料,才能迎来真正成熟的中式家具产品。

能够展现当代中国人的精神风貌和生活方式,以工业化的手段大规模生产,不刻意追求材料和文化符号,满足中国最普通的消费者,这样的家具才是真正的"中式家具"。

三、定制狂潮,源自国人心中的"农业思想"

近几年定制家具(现在被称为定制家居)兴起,其背后深层次的原因在于国人依旧牢固存在的"农业思想"。

什么是定制家具?我们以前叫"打家具"。

这是没有实现工业化和流水线化之前的原始生产状态,如今,消费者依然以定制家具为荣,那是因为内心深处的"农业思想"一时还没有转变过来。

进入发达和先进的社会之后,家具产品一定是以工业化、标准化的成品家具为主导,人们也更加喜欢使用工业化产品,因为安全、低成本和标准化。

纵观全球,定制家具兴旺的地区往往是落后地区和国家,例如印度,定制家具占据93%的市场。与此对应的美国仅仅有11%~12%的份额为定制家具,且主要是针对办公领域。

全世界的发达国家和社会,定制家具都是存在于ToB领域,而非ToC领域。在ToB领域,主要的产品是橱柜和衣柜两大品类。在国外,由于对吊挂柜体有着严格的安全要求,需要经过严密的测试,而针对C端零售,从成本角度不可能支撑起测试成本,因而以橱柜和衣柜为主体的定制家居无法在ToC领域生存。

有一种观察也认为,未来的定制家具,最终会逐步演化为固定家具,并成为开发商的精装房标配,成为一项彻底的ToB业务。

中国定制热潮的兴起,还有一个不可忽视的原因便是成品家具对收纳功能的忽视,当然我们也可以将其看作由"农业思想"导致的对收纳的"过度狂热追求"。

成品家具需要在功能和结构上做深度的思考和持续开发,满足大众的收纳需求和成本需求,而不是过多投注于审美方面,这样,才会真正回归到家具产品的本质上来。

四、工业化,中国家具业的必经之路

这30年来,我们的家具生产有进步吗?除了板式和定制家具采用了自

第一篇　产业变革启示录

动化设备以外,我们的家具生产基本没有创新。

材料方面,我们用的是刨花板、中纤板等,这些都是美国人、欧洲人一百多年前发明的,32 mm 系统是德国人发明的,我们一直在使用他们的产品,但在新的生产技术、材料、工艺领域却没有创新。

不客气地跟大家说,中国家具生产水平跟日本的差距至少有 50 年,而在实木和一般产品领域,滞后 20～30 年。三四十年前,我去日本一个村庄考察,看到 60 岁的老太太在用数控编程。所以希望大家花点时间,做好产品。

日本所有家具产品的抽屉只有 6 至 7 种尺寸。我的一位朋友在日本专门做抽屉,一个月需要消耗 500 吨木材。这是日本家具行业工业化的现状,也将会是我们的未来。

从 2016 年开始,我针对自己的海阳工厂,持续进行数控化的改造,以降低成本,并使生产和产品标准化,最大限度地减少对技术工人,例如木工和油漆工的依赖。如今,海阳的兄弟木业,生产 500 张实木床,仅 3 天便可以完成。

最近几年来,得力于工厂效率的提升和对成本的严格控制,不同于其他品牌的不断涨价,海阳兄弟木业公司的产品价格反而连续降价了三次,这在行业里几乎成为异类。

规模化的工业化设计与生产制造,最终带来的是产品价格的下降和性价比的提高,并真正满足中国最大规模化的一批消费者:20～40 岁,家庭年收入在 15 万元左右,居住面积在 80 平方米的 2 房 2 厅中位数家居消费者,这样的消费者占据了整个家居消费者的 80%～91%。据相关调查,他们的全套家具客单价在 3 万元人民币以内。

作为一个家具人,一辈子应该做什么?就是做好产品,然后才讲营销,而且应该产销分离,生产的人不用管营销,营销的人去开拓市场。

我们未来怎么走?就是要走大工业化生产的道路。我们应该向宜家学习,向家电行业学习,他们通过大工业生产能够把产品和价格做到极致。

五、家具业发展四阶段，目前正在第三阶段

目前中国家具行业刚刚进入大工业化时代，却在近两年连接遭遇了三重打击：环保风暴、激烈的市场竞争和新型冠状病毒肺炎。

但是我相信，无论是环保，还是竞争，或是新型冠状病毒肺炎，最终都会推动中国家具业走向更为健康、理性的真正的工业化时代。

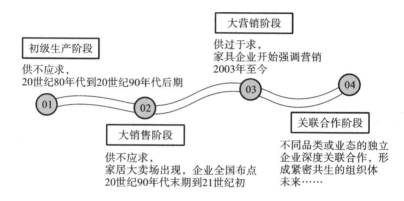

中国家具业发展四大阶段

任何一个国家家具行业的发展，大致都需要经历以下四个阶段。

第一阶段是初级生产阶段，特征是供不应求，只要生产出来就能大卖，对应中国家具业20世纪80年代到20世纪90年代后期这段时间。

第二阶段是大销售阶段，这时候家居大卖场开始出现，依托于红星、居然和各地区域性卖场的发展，各个家具企业开始在全国布点，产量不断攀升。这个阶段，供应依然还未超过需求，市场持续火热。这对应了20世纪90年代末期到21世纪初。

第三阶段是大营销阶段，这时候市场开始供过于求，在我国从2003年左右便已开始。这阶段由于供过于求，于是家具企业进入了强调营销的阶段。目前我国仍处于这个阶段。

接下来最终会进入**第四阶段，关联合作阶段**。未来会有越来越多的不

第一篇 产业变革启示录

同品类或业态的独立企业（工厂），进行深度关联合作，形成介于松散型合作和单一集团公司之间的一种组织形态。

利用各自的优势，形成资源互补，工厂方负责制造和生产，品牌方负责研发和营销。又或者不同品类的企业形成紧密共生的组织体。正如在1931年，美国13家独立的床垫生产商组建了后来的舒达，形成品牌共享、高效制造的联合体。

六、碎片化时代，产品布局这样做

如今，虽然还未正式进入第四阶段，但出现了萌芽态势，已经有很多不同业态、不同品类的企业在不断探索，抱团战斗，未来将会逐步探索出很多行之有效的道路出来。

针对目前碎片化的市场和渠道，企业应该用不同的产品规划和设计理念来区别对待，不能用一套规划来应对多个渠道。

目前的渠道分为线下传统零售、电商、拎包入住、整装、工程这五大渠道。

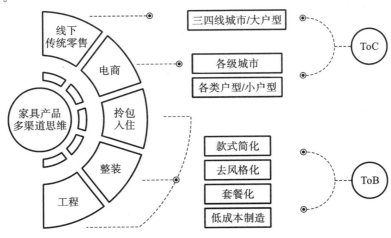

家具产品多渠道思维

实际上我们绝不能用单一的思维来应对以上五大渠道。

传统零售渠道的主要目标客户应该以三四线城市和市场的大户型需求为主，针对他们开发适合他们的产品，其实就是我们之前和当下主要的产品形式。风格多样化，可以包括美式、欧式和现代风格，并保证经销商有一定的利润空间。

电商渠道则是对线下零售渠道的精细化，需要针对各级市场和各类户型进行全面的精细化产品设计与开发。

拎包入住、整装、工程渠道，均可以看作是 ToB 的渠道，需要用另外一种完全不同的做法来应对，那便是款式简化、套餐式、去风格化和低成本制造，以满足小户型的需求。以兄弟木业为例，其仅仅用 4 个套餐，总共 26 件家具便可以满足各种 ToB 渠道的需求。

另外，中国家具行业正面临着一个临界点，2018 年和 2019 年家具销售不景气，2020 年更是雪上加霜。今年大家都在求生存，能够活下来就很不错。

我相信两三年以后，能够活下来的都是好的企业，它们经过了火的洗礼。所以希望大家慎重小心，减少各种费用，抓住机遇。

定制家居品类扩充的理想与现实

科凡家居总裁　王飚

多品类经营的最大误区,或者说我们每个人都会犯的错误——把我们自己能提供的产品等同于消费者的需求。

一、多品类集成的试验:不同程度受阻

这里有一个公式:设计主导权＋经营二分法＝多品类集成。

经营二分法的意思就是将产品的生产和经营分开,进行多品类集成的销售。

在全屋定制领域,我们做了很多探索,可以说,很多大家居集成店是不成功的。我们发现很多店开大了,品类增加了,实际上单产下降,人效下降,甚至整个店面亏损。

除了大规模集成店,还有专业的小店,我们的销售人员喜欢到专业小店工作,害怕去大店销售。因为大店的转化有可能还不如小店。所以坦白讲,大家居集成店并不成功。

所以定制行业这两年又在往回调整,针对店要开多大、品类要多少才合适等问题,再进行一些更实际的探索和试验。

整装试验在刚需层面是成功的,在软装方面都不太成功,因为个性化太厉害。

高端套餐也不成功,我们看到整装公司只要提高档次、进入高端领域,都不太成功,但是低端整装套餐又不赚钱,所以整装公司希望能有高端套餐的动销,但实际上也不是很成功,这是现状,当然我还在不断地往前探索。

二、如何做到流量、转化与单值的最大产出

销售额=流量×转化率×单值

以上是行业常用的一个公式,我认为也是店面经营的一个永恒公式。只不过其中的"流量"不止是线下的流量,也包括线上的,当下处于线上与线下融合的时代。

那么要怎么把生意做好呢?流量、转化率、单值三个都大,生意才能最大。但其中"转化率"最重要,因为没有转化就没有成单,不管你品类有多少,或者想做多大单,都是空中楼阁。所以我们在追求高单值的同时,不应该忘记转化率。

从另一方面看,现在流量红利也基本耗尽了,不管是线上还是线下,在客流很难引入的情况下,如果没有转化率,就没有商业上的成功。

三、对消费者需求和决策的再思考

装修需求可以分为空间需求、功能需求和装饰需求三方面。

实际上,行业的产品十分丰富,但没有一家企业可以满足消费者的所有需求。成功的企业都是在某一个细分领域上做到最好,我们采用这种细分

市场的思维来指导我们的经营。

以下几组关系非常重要。

(1) 实用需求和空间大小成反比。即空间越大,实用需求越不强烈,所以做定制家居会发现,小公寓的单值甚至比大别墅还大。

(2) 装饰需求和居住空间成正比。即空间越大,装饰性需求越多。

(3) 服务需求和市场的供应程度成正比。即竞争越激烈,消费者的服务要求越高。

在以上几组关系的基础上可以发现,**消费者的装修决策是在预算和个性化之间的平衡,是在个人喜好、品牌、价格和服务之中找到最优解。**

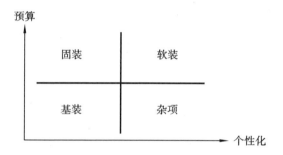

装修相关要素关系图

从图上可以看到,预算越高,个性化越高。个性化最强的就是软装,包括家具。预算高但不需要很强个性化的,是水电、腻子等这类固装。预算低而个性化很强的,是杂项。

四、消费决策的本质:单品决策和整体购买

消费者装修或者购买家居产品的原则或者目标,是找到自己认为的最优解。那么本质是什么呢?我认为首先是"单品决策"。

虽然我们现在提整装、多品类集成,但消费者买东西是一样一样挑的,它是单品决策。我们看看宜家,它的东西已经是多种类的大集成,但宜家所

有的样板间和销售引导,永远是单品购买。

宜家的样板间有没有做全屋套餐?没有。它的样板间是要启发消费者对产品使用场景的理解,然后消费者自己做购买决定。所以宜家的客户会有几样、几十样的多品类购买,但宜家从来没推过多品类套餐。

所以品类集成不代表要整体的套餐式销售。消费者喜欢物美价廉,也喜欢个性,所以做的是单品决策。之所以要整体购买,是因为整体购买更便宜。所以很多时候是我们经营上的不足,没有触达消费者真正的需求。

我在汉森帮他们做了半年顾问。汉森在韩国也实行全屋多品类整合的模式,市场占有率达到30%以上。我问过韩国汉森的店员,顾客进店会买几样东西,他们的回答基本上是1.5件。

为什么只带走1.5件?因为即使提供得再多,客户也是一件一件挑。所以从先进的宜家和汉森的销售模式里面,我没看到多品类套餐的成功。

他们只是不断地启发消费者对产品价值的理解,确保消费者充分理解商品是自己需要的。

这就是多品类经营的最大误区,或者说我们每个人都会犯的错误——把我们自己能提供的产品等同于消费者的需求。我们摆在店里的东西,想消费者都能买回去,这是错的。

当企业把自己的供给凌驾于社会的供应之上,它就是一条错误的道路。一个企业再强,也不可能代替社会化的功能。

五、有效经营的三个条件

经营的本质和原则是什么?效率优先和有效经营优先。效率优先意味着同样的投入带来更高的产出,有效经营优先是指,能"卖出去"才是有效的,这是经营的本质。

什么是有效经营?我认为要考虑1个"是否"和2个"能否"。

（1）是否存在不被满足的消费者需求？

现在的社会供应很丰富，品牌的选择和种类非常多，消费者的满足程度也很高，品类需求已经很少有空缺。定制家具的崛起，弥补了消费者未被满足的需求。当时我总结的是"装修公司做不好，成品家具买不到"。

在这种背景下，我们整体设计的构思是什么呢？要考虑消费者获得的便捷性，以及整体性价比要有提升空间。

（2）能否被消费者选择（是否最优解）？

你卖的不一定是消费者要买的，要考虑3个问题。

谁能最先触达并影响消费者？ 产品谁都有，但是谁先让消费者知道、了解谁就有先机。这就是为什么销售都要进小区了。

谁能掌握并引领消费者？ 就是所谓的设计主导权。为什么设计师带着顾客买东西那么容易成交，因为他在引领顾客。

谁的解决方案真正承接了消费者需求？ 为什么要沟通消费者需求？设计师为什么要跟消费者沟通？因为每个消费者的需求都有不一样的地方。

（3）消费者的选择能否带来经营者的实效？

消费者买了，商家就一定赚钱吗？转化率、人效、坪效是我们永远要考虑的问题，我们有没有条件去实现。所以要考虑以下几个问题。

①找到并触达目标消费者。

②掌握设计主导权。要想多品类，确实要让设计起主导作用，才能把产品串联起来。但是设计主导权怎么掌握？林作新教授也说了，我们没有几个真正的设计师，怎么掌握设计主导权？我们需要工具的帮助，让一般的设计人员也能有相对高水平的设计产出。

③提供的各品类商品，要能符合目标消费者在此品类上的真正需求，当然企业首先要有自己的优势品类。

④能提供设计引导的人员的数量和质量要足够。

所谓的设计主导权，其实就是为消费者做出迎合性的产品筛选和组合，所谓的设计背后都是卖货,也就是顺应消费者做出他需要的产品组合,并且进行一定的筛选。

⑤最终为消费者设计出的迎合性产品筛选组合方案,能被消费者确定为最优解。

六、多品类经营的三点结论

哪些企业能够在多品类经营上具备以上这些充分必要条件?坦白讲现在没有太多企业具备,而且品类越多,条件越不充分。我的结论为以下几个方面。

(1)多品类经营仍然"在路上",延伸可行,但全品类延伸要缓行。

(2)由于消费者进行的是单品类决策,所以我认为单品牌集成行不通,多品牌集成优于单品牌集成。

多品牌集成的拎包入住渠道为什么能发展起来?因为它既符合了前置性,能够更早地触达消费者,又符合消费者多品类消费的一些基本条件,所以是可行的。

(3)家居行业是以经销商为单位的销售体系,厂家要想依靠经销商来实现多品类集成的经营,对此我目前的结论是:**大部分的经销商很难成为多品类集成的执行者,因为要影响到消费者的机制不够、人员不够、能力不够。**

如果厂家贸然把自己变成多品类经营者,失败的概率也会变大。所以我认为,多品类的延伸是可行的,但全品类延伸要缓行。

透视中国家具业,结构大变迁下的四大机遇与挑战

《今日家具》主编 高单单

成品家具在弥补"定制"短板之后,开始"后来居上",曾经被定制家具夺去的"风光"也可能会逐渐回归。

家具行业的变化不是突然发生的,外部环境的变化,诸如地产、互联网、人口等不同因素,也会带来内部结构的调整。在过去以及可见的未来,家具业正在经历哪些结构性变化?

一、四个外部变量正在加速改造和重塑行业

很长一段时间,家具企业只需要关注自家业务以及同行对手即可。而今天,企业可能要看得更远、更长久。因为来自3个方面的外部力量——上游地产、互联网以及智能家居,正在慢慢改变这个行业。

1. 上游地产的三个新维度

作为行业的最上游,地产一直深刻影响着家具的各个方面。多年来,地产销售旺季也往往是家具销售的旺季,虽然这种关联度在最近几年随着新

房比例降低、地产政策调整等情况而逐渐弱化。

另一方面的深刻影响是,**房地产的户型结构正在成为各大家居企业研究的重点课题,依据户型针对性地提供家具单品或整体解决方案,正在成为行业共识。**而这种转变,少不了深圳市家具行业协会的大力推动。

早在2014年,深圳市家具行业协会就正式成立了"深圳家协住宅精装研究院",大力推动住宅精装产业化,并在每年的深圳时尚家居设计周重点展示,直至成为行业风向标。

而在未来几年,上游地产对家具业的改变将更加深刻。在笔者看来,有几个维度值得关注。

第一个维度是地产工程业务的崛起。随着全装房、精装房的逐渐普及,地产对建材家具产品,尤其是柜类家具的大宗采购将大幅度提升。对定制家具企业来说,能否承受较长的账期、较低的利润、大额的垫资,是决定能否承接这部分业务的关键。当然,并不是所有定制企业都要做地产工程,家庭装修的市场份额依然巨大,焕新需求也会逐渐释放。

2020年以来,工程业务带动了整个家居版块企业在股市的优良表现,但随着消费市场复苏,工程业务的热度也开始下滑。实际上,零售市场依然会是未来的主流,尤其对成品家具来说。为了片面增加营收额而重注工程业务,有可能是饮鸩止渴。

第二个维度是地产公司的自营家具建材业务。很多人担心,当碧桂园、恒大这类地产巨头也开始从事家具建材甚至做装修时,下游还有多少活路?这种担心很可能是被放大了的焦虑,具体体现在以下两个方面。

一方面,相比于房地产开发、小区物业的巨大价值,大部分地产巨头对于下游的生产制造并不感兴趣,起码不是重要业务范畴。相比于自产自用,最大化地利用采购优势反而更划算。即便在家装和拎包入住版块,大部分地产公司也更倾向于收取"入场费",或者单独成立一个实验性的项目组,但往往因为内部关系复杂而进展缓慢甚至停滞。

第一篇　产业变革启示录

另一方面,少部分地产巨头如碧桂园,由于体量巨大而涉足下游家具建材产品的生产制造,依然是以满足"内部循环"为核心任务,这部分可能挤压的是工程单市场。同时,其外溢的产能还可以在产业内部做"内循环",成为其 ToB 业务,也就是供应给其他地产项目的一部分。

第三个维度是旧房市场的逐渐扩大。 在一线城市,新房市场的增长正在接近天花板,尤其是在北上广深地区。旧房改造带来的家装消费增量市场,在地域上十分不平衡,例如同样是一线城市,上海的旧房占比远超过广州,其市场的爆发在时间上也会更加分散,必须因地制宜。

2. 互联网电商巨头对家具业的结构性改造

类似阿里、小米"入侵"家居业的消息,常常引发行业焦虑。但除了双十一引发了部分负面影响,实际进展很小,但同时也带来了更多互补和相互促进的结果。互联网企业对于家具业的改造是多方面的,主要体现在购物体验、物流效率以及思维方式的改造上。

从电商角度看,家具的线上购物体验在过去 5 年大幅提高,带动了一批家具产业基地例如南康的崛起,也让互联网思维初步进入传统的家具行业。**不过,电商与家具行业的深度结合,未来依然要面对线上与线下的协同问题,也就是"新零售"。**

获益于电商的迅猛发展,家具的物流效率大幅改善,最后一公里服务的难关已经基本被克服。相反也促进了一批线下家具企业的业务增长,可以说是意外收获。

最为重要的,实际上是互联网对于家具企业"思维方式"的改造。家具企业讲究"经销商体验",而电商追求极致的"用户体验",于是在产品开发、服务方式、营销方式等方面,都带来了许多新的改变。此外,传统企业在产品开发、市场运营中主要靠经验和感觉,很难和消费者形成互动。而电商的最大特点,就是对于"数据"的重视以及和消费者的直接互动。

未来几年,互联网和电商对于家具行业的改造,还将进一步深入产业链的各个环节。例如典型的"阿里躺平",努力打通"设计——生产——消费"的服务链。苏宁、国美这类"准互联网企业"对于家装行业的探索,可能促使家具和家电产业融合的加速。

3. 旁观还是融合？智能家居与家具业的新关系

摆在家具企业面前的一道题是:未来的智能家居时代,企业要不要参与且如何参与?

有一种思路或许值得借鉴。即家具企业与智能家居相互作为载体,深度嵌入甚至融为一体。未来,家具企业与智能设备商共同合作,开发面向儿童、老年人等特定消费群体,或旅行、娱乐、办公等特殊场景下的智能家居产品,实现传统家具企业产品上的创新迭代。在家具高定领域,智能正在成为品牌整体解决方案的一部分,但距离完全融合还需要时间的考验。

智能睡眠(智能床或智能床垫)可以说是这种模式的雏形。在2020深圳国际家具展上,多家领军软体家具企业纷纷推出了与智能床相关的产品,通过应用智能感应相关技术,实现人性化睡眠。

4. 消费结构变化,正在倒逼行业

虽然供给端发生了许多变化,但"消费端的牵引"同样十分重要。对于今天的家具业来说,消费人群的整体迁移相比以往要更加剧烈和干脆。环视许多家居卖场,五年前还十分畅销的产品今天已经少有人问津,背后正是消费人群的代际转换和审美迭代。

当代年轻人更倾向于时尚与轻量化设计,消费场景上更注重体验性,无论是线上还是线下。从长期发展来看,家具消费的流行趋势也会大体遵循发达国家的路径。深圳家具研究开发院院长许柏鸣教授,**总结了全球100年来家具消费的趋势,大致总结为"功能主义——美学(风格)——语义学(情感)"的演化路径。**

此外,二胎政策的施行带动了儿童桌椅等相关品类的爆发。而互联网媒体和移动社交,又将社会人群逐渐"再部落化"——以兴趣爱好等为标签

的小众文化圈将日益壮大,成为主流文化和消费圈另一个值得注意的现象。例如,近几年的工业风、日式极简等风格,都是小众流行的代表,并带动了细分市场的发展。

二、"板块松动",行业变迁的 4 个新挑战与契机

外部环境的种种变化,让曾经相对封闭的家具业不得不与各种力量发生碰撞、交错、融合,带来挑战的同时也催生了更多活力。而外部力量也在促使内部不断变化,以适应新的环境。在我们看来,家具业内部正在发生以下几个重要变化。

1. 渠道碎片化,流量运营成为必修课

今天,各大电商平台、家装公司、百货公司、社区店等,都成为了新的家具销售渠道,传统家具建材卖场与品牌之间的关系越来越微妙。对于家具企业来说,连锁家居卖场依然是主要的渠道,但随着渠道的日益多元化、流量入口的前移,这种绑定必然会逐渐松动。

与此同时,**在流量越来越稀缺的时代,家具企业和经销商要从以往的"重招商"或"重销售",逐渐转向重视流量的获取和运营,也就是新客户增长、老客户激活**。厂商和经销商的能力即将面对新的挑战。

此外,渠道碎片化带来的结果就是终端门店作用的放大——"最后一公里"服务可能成为未来品牌角逐的重要战场。

2. 厂商与经销商的关系变化

毫无疑问,厂商对于终端门店的"赋能"将越来越重要。如何最大程度地激发作为企业毛细血管的门店和经销商积极性,将直接决定品牌的行业地位,当然,经销商的"反向选择"也会越来越常见。

知名家具行业操盘手王献永认为,厂商和经销商必须建立产品研发、营销获客的协同机制,获得门店个性化运营管理体系的支持以及厂商协同的

送装服务等。

那么对于经销商来说,未来的核心能力是什么?当商品和服务信息日益透明,经销商靠什么赚取"差价"?许柏鸣教授的观点十分值得参考。他认为,**未来的家具门店会成为综合体验中心和服务的驿站,而经销商要致力于人性关怀和服务体系的能力建设。**

3. 行业竞争格局的变化

2019年以来的新冠肺炎疫情,成为家具行业发展的一个重要分水岭。从这里开始,行业不同品类的优势与劣势开始显现。

疫情之后,软体家具经历最初的小震荡,随后在内销和外销领域都表现亮眼。未来随着消费者对于生活品质的升级需求,软体家具依然是最具潜力的增长版块之一。此外,办公、户外家具等品类也成为出口热点。

从中长期来看,成品家具与定制家具在走向融合的同时,有可能迎来新的变化。那就是,成品家具在弥补"定制"短板之后,开始"后来居上",曾经被定制家具夺去的"风光"也可能会逐渐回归。

我们将会看到,成品套房家具逐渐"找到感觉",发挥其在整体家居中的整体风格把控、细节处理优势,走出传统定制家具企业难以实现的"全案设计"路线。

4. 家具设计的穷途与回归

家具行业和设计的关系常常是若即若离的。产品设计与开发要么交给外包设计机构,要么由企业内部拍脑袋决定,而并非对产品、市场和消费者进行科学研究和分析后决定。这种模式在以往常常带来爆款式的成功,但在未来对于规模企业来说则越来越没有生存空间。

实际上,国内家具产品经过了几个阶段的演化,从最初的供不应求到寻求工艺、材料的变化,再到不同流行风格的追逐,如今已经到了不得不转变思路的阶段。

许柏鸣教授认为,过往的家具设计是"材料与风格的二元导向",片面追求材料或风格的变化。但这种路径已经走到尽头,根本的出路在于设计导向与设计创新。

三、2021年,家具企业应该做什么?

在同样充满不确定性的 2021 年,家具企业该做什么来实现可持续经营,又该为将来的脱颖而出准备哪些能力?

关键词一:修复企业

经过这次新冠肺炎疫情,企业以往被掩盖的问题开始暴露出来。例如,对于长期现金流紧绷的企业,疫情成为"压死骆驼的最后一根稻草"。对于出口企业来说,由于长期忽视海外电商渠道的摸索,则失去了许多订单机会。

2021 年,家具企业在恢复经营的同时,更要修复以往被忽略的短板甚至"死穴",毕竟在"黑天鹅"越来越频繁的当今,谁也不能预测下一次的极限考验什么时候到来。

关键词二:充实、提高

修复损伤是第一步,第二步是针对企业内部各个方面做全方位的诊断、提升。未来几年,家具行业的竞争只会更加激烈,比拼的不仅是产品或渠道,而且是系统作战的能力。

对于家具制造企业来说,如何持续在生产上提效降本?如何保证充足的现金流?如何让产品研发更贴近用户需求?企业如何快速响应市场?终端门店如何提升运营能力?这些问题,对于企业来说既是短期要考虑的,也是中长期内需要持续修炼的内功。

关键词三:抓住长期核心竞争力

什么是家具企业的核心竞争力?这个问题的答案可能有很多。人才?渠道?土地?资金?品牌?

或许这些答案都有正确的一面,但家具业是一个在低水平生产力基础上,以相对低廉的劳动力成本,实现规模化生产效益的行业。任何一个环节的不足,都足以成为企业的致命伤。它考验的是企业的系统能力。

系统能力从何而来?其实就是企业的组织能力。笔者对一位家具企业高管的观点十分认同,他认为,家居行业最本质的特征就是"组织能力密集型"。

对于家具企业来说,打造企业强大的组织能力,遇到危机时能够信心不倒,运营过程中有更高的协同性和战斗力,碰到机遇时能够迅速抓住,这些才是一个企业长期所能够修筑的最牢固护城河。

2021年大家居产业十大消费趋势

腾讯家居&优居新媒体总编辑、优居研究院院长　张永志

消费层级越来越细分，甚至5年就是一个代际；定义用户不应以生理年龄划分，而应以心理年龄划分；"颜值即正义"，没有高颜值，再大的品牌用户也会无视；千篇一律就没有市场，个性化的定制才是王者。

2020年是不同寻常的一年，一场突如其来的新冠肺炎疫情对家居行业造成了严重冲击，也深刻影响了家居消费和行业发展格局。展望2021年，后疫情时代的家居行业消费趋势如何演化？

一、用户分层化

消费层级越来越细分，甚至5年就是一个代际。

在分析家装与家居消费人群特点时，很多企业都会通过对用户进行分层，这是实现产品精细化运营的必要条件，其中一种重要方法就是根据年龄分层的研究方法。

一般来说，家居行业将消费者按照年龄分为60后、70后、80后、90后、

00后五大客群。但随着消费水平的提升和年轻消费群体的崛起,消费者越来越追求具有个性化、情感化的商品,不再满足于一般的大众化商品,客户消费观念也从理性消费走向感情消费。

这就导致不同年龄段的消费者的家居需求存在巨大差异,特别是对于年轻消费群体,往往5年就是一个消费代际。比如85后、90后和95后,他们在购买能力、审美倾向以及对于家居功能的需求方面差异都很大。

现在有一种分类法,把95后与00后归结为"Z世代",专门研究这一群体的审美与消费特点。这就要求家居企业针对不同年龄段的消费群体进行更细致的分层,并提供不同的产品和服务策略,最终达到提升用户价值,提升用户消费体验的目的。

二、消费分级化

不是降级也不是升级,分级才是真实的存在。

2011—2020年胡润中国高净值人群消费价格指数 vs 全国居民消费价格指数

根据中信保诚人寿保险有限公司与胡润研究院联合发布的《中信保诚人寿"传家"·胡润百富2020中国高净值人群品质生活报告》显示:与2019年相比,2020年中国高净值人群消费价格的总水平上涨了3.4%,涨幅继

2019年下跌后恢复上升态势,且高于国家统计局公布的全国居民消费价格指数(2020年9月CPI,+1.7%)的水平。10年来,高净值人群消费价格涨幅比居民消费价格涨幅累计高出9个百分点,其中高净值人群消费价格累计涨幅为37%,居民消费价格累计涨幅为28%。

另一方面,受疫情冲击,国家统计局发布的上半年经济数据显示,居民实际收入降幅收窄。2020年上半年,城镇居民人均可支配收入21655元,名义增长1.5%,实际下降2.0%;农村居民人均可支配收入8069元,名义增长3.7%,实际下降1.0%。

近年来,家居市场的哑铃型消费结构日益突出。哑铃的一端,刚需群体基数越来越大,更加追求产品品质和更优性价比,且伴随着疫情对消费信心的冲击,今年家居刚性消费特点显著;哑铃的另一端,新中产群体与改善性消费群体稳步增长,引领家居消费趋势变化,驱动行业朝向高品质家居服务迈进。

综合来看,单纯的消费升级或者消费降级都是不全面的,消费分级才是时下家居市场的真实现状。企业如何针对消费分级进行产品与营销策略的制定,这也是个关键的命题。

三、心理年轻化

定义用户不应以生理年龄划分,而应以心理年龄划分。

2019年,博报堂生活综研(上海)发布"生活者动察"研究成果。自2020年10月份开始,博报堂通过网络调查的方式陆续在中国、日本、美国调查了5000个样本。调查对象主要集中在家庭月收为5000~29999元的中国家庭中拥有智能手机的20~59岁男女及日本、美国拥有智能手机的20~59岁男女。

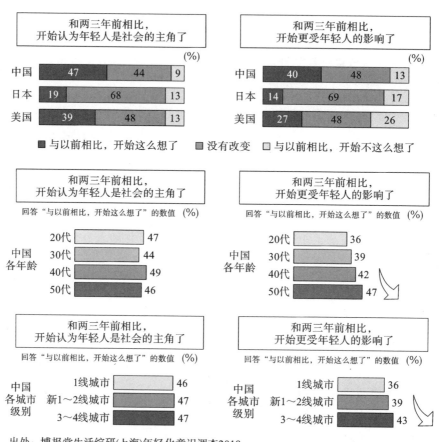

出处：博报堂生活综研(上海)年轻化意识调查2019

"生活者动察"研究成果

2008年，20多岁人群和整体人群的差距总量为469点，而到了2018年，这一数字缩小为272点。这说明，一直以来引领潮流的年轻人积极享受生活的热情态度已经通过感染父母和互联网等方式扩散到中老年群体，超越了年龄和地域的界限。不同年龄段的消费者消费心理、消费习惯都朝着年轻化趋势不断前进。

这也就意味着，未来企业可能无法仅从生理年龄段来划分自己的目标客户群体。同时，随着消费者各年龄层间的意识差距逐渐缩小，消费者消费心理的年轻化与审美年轻化问题值得关注与研究。

四、品牌潮酷化

品牌要潮和酷,否则难以走入年轻消费者的法眼。

在现阶段的家居消费市场中,代表"自我""个性""独特"的年轻力量正在崛起。对于这些热爱摇滚乐队、说唱、电子游戏的年轻消费者来说,往往更能被具有潮酷文化特色的家居品牌所吸引。

潮和酷,是品牌年轻化转型的重要方向,目的是抓住喜好飘忽不定的这群年轻人的心,引导他们消费。近两年,家居建材行业的企业也在加快品牌年轻化、时尚与潮酷的转型与升级。

对家居建材企业而言,首要命题就是品牌的年轻化,乃至是潮酷化。没有永远年轻的消费者,但用户永远年轻。家居企业的品牌建设如果不能迎合年轻的消费群体,可能很快就会丢失未来的市场。

五、产品时尚化

"颜值即正义",没有高颜值,再大的品牌用户也会无视。

过去我们追求工匠精神,讲究高品质、无醛等。但如今,如果产品颜值不够,90后消费者完全不屑一顾,因此"颜值即正义"。

跨界来看,戴森的吹风机、卷发棒售价高达几千块仍有消费者趋之若鹜,原因在于它们太酷、太炫。特斯拉的汽车颜值极高,故宫的口红也卖疯了,更别提我们熟知的iPhone 12。

大家都在谈消费升级,谈消费全球化,实际上最关键的是我们对当下时尚生活方式和高品质生活方式的理解,即我们对审美的理解。拥有代表审美的时尚元素至关重要。如今家居建材城里的产品大多千篇一律,很多品牌毫无个性和特色可言,所以家居建材企业一定要加快产品的时尚化进程。

六、风格混搭化

消费者不再需要绝对风格化的产品,审美日趋简约与混搭。

消费者的迭代,往往会带来消费审美观念的变化。当今时代最主流的消费风潮就是现代简约风格。即复杂的风格在做简化,所以美式演化为简美,意式古典变成了意式轻奢。还有就是在简约风格的基础上,融合古典或民族元素做混搭风格。

在家居领域,随着审美的全球化,以及年轻消费群体的崛起,过去盛行一时的古典风格的产品逐渐走向没落。这可以得出一个大致的结论:被风格化的品牌都做不大、做不长。

七、流行国风化

经济自信带来文化自信,国风与国潮势不可挡。

经济基础决定上层建筑,一个国家经济的强盛必然带来文化的自信,主要体现在国民的审美与消费特征上。随着中国经济的繁荣,国富民强必然带来国风与国潮的大流行。尤其是90后、00后,中国在他们心中有着不可替代的地位。

当下汉服、中式家居、中式文化特色的茶饮,包括大量以中华传统文化为内涵,现代潮流元素为架搭建而出的国潮品牌迅速蹿红。国风的盛行,一方面是国民发自内心的喜爱和其自身适应时代的发展,另一方面也是国家强大后自身文化软实力在消费端的直接体现。这些都体现在中国老百姓的装修与家居消费当中。

第一篇 产业变革启示录

流行国风化

八、服务定制化

千篇一律就没有市场,个性化的定制才是王者。

近年来,定制成为家居行业消费的主流,市场需求仍处于上升通道,定制化的产品和服务需求几乎渗透到家居行业的每一个部品设计之中。

定制家居流行的背后,体现的是消费者对于高品质家居消费体验和个性化生活的需求。随着消费水平的提升,消费者对产品品质、家居设计、定制服务等方面都提出更高的要求。

面对新的消费需求,无论是木作品还是标品装饰建材,只要面对的是终端零售客户,未来都需要定制化的服务。

九、解决方案化

do it for me,用户要的是一个家的整体解决方案。

在消费端,用户越来越需要整体解决方案式的产品和服务,无论是大龄还是年轻的消费者,他们都不愿意、也没有时间DIY(这点与欧美等发达国家的家装市场截然不同),而是需要企业"do it for me",帮他们一站式搞定。

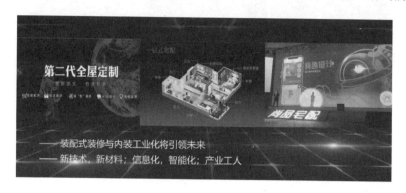

尚品宅配全屋定制

中国家居市场的消费者大致可以划分为两类人群:有消费能力,但没时间;有时间,但缺乏审美能力。所以最佳的解决方案就是商家提供从设计到产品组合,再到落地交付的一站式解决方案。

总体来看,中国目前仍然处于经济发展的上升期,绝大多数人会把精力放在赚钱上,在消费方面更愿意花钱买产品或服务以便省时和省事。因此,我们可以预见的是商家一定会把消费者这种消费形态和习惯宠到极致,结果就是解决方案化成为不可抗拒的主流。

十、家居智能化

5G与物联网技术将推动智能家居高速发展,产品升级的一个大方向就是IoT(物联网)化。

自如研究院综合全网大数据推出《2020长租消费新趋势报告》显示,全场景智能化家居正在逐渐成为新生代年轻租客的家居选择,这一代年轻人在寻求实现品质租住的同时,也希望有未来感十足的科技体验。据统计,城市整租人群中有超过6成的租客更愿意选择配备智能家居的房源,超4成租客愿意为智能家具设备支付更多房租。

随着5G与物联网技术的发展,消费者对于家居智能化的需求正在不断提升。未来可能所有家居建材产品都是智能的,卫浴产品的进化程度已经非常明显,如今智能马桶几乎无处不在。而通过智能化,恒洁、九牧这些国产卫浴企业甚至已经实现了弯道超车。

智能家居不是一个空泛的概念,首先企业要实现单品的智能化,其次实现小系统的互联,最后实现全屋智能。家居建材企业需要审视自己的企业和产品是否有智能化的空间和方向。

后记

选择大于努力。无论是企业还是个人,努力的前提是正确判断趋势、抓住趋势,方能趁势而起。

对于家居企业而言,大多数企业都将由经销批发模式转向厂商一体化的新零售模式,这就需要研究消费者的需求,需要精准把握消费潮流。

雷军说,站在风口上,猪都能飞起来。那可不可以这样演绎一下:"如果做企业连消费趋势都把握不住,那未来的日子比猪都难过。"

家居和家装,两条赛道正在碰撞与融合

家装下午茶 CEO　许春阳

原本分给家居卖场和家居经销商的蛋糕,要重新分配了。

一、单品类的全国渠道深度分销体系

家居部品商20多年的蓬勃发展,得益于房地产市场的"大水漫灌"。房地产20年发展的红利,成就了家居部品商的20年腾飞。我们看到上市板块中,已经形成了几十家家居上市公司阵容。从资本市场的角度看,工装公司上市也形成了阵营,家居建材卖场是得益者,唯独家装公司的上市尚未形成气候。**是什么原因导致这些差异的呢?房地产价值链的分配原理是什么?**

家居部品商大多采用的是全国代理经销模式,以此来建立其全国深度分销体系。做好品牌,做好产品的研发和制造,最重要的就是做好渠道体系。不知道谁发明了"代理经销制",就是这个制度成就了两个核心主体:一是家居部品商,二是家居建材市场的房东。附带还成就了代理商、经销商,

第一篇 产业变革启示录

成就了机场高铁、高速等的媒介公司,成就了提供招商服务的机构和平台,成就了为经销商提供咨询培训营销服务的机构和平台。

从家居部品商到最终家装消费者,产品的定倍率非常高,最近定倍率达到 4 左右(以前更高),即 100 元的出厂价(成本价),最终流转交付到家装消费者的手中,需要花费 400 元来购买,中间丰厚的利润空间滋养着价值链上的所有人。

全国市场非常大,拥有 300 个左右地级市,再细分到县级:截至 2020 年 7 月,全国共有 2844 个县级行政单位。这其中包含 1312 个县,388 个县级市,973 个市辖区,117 个自治县,49 个旗,3 个自治旗,1 个特区,1 个林区。

家居部品商的优势在于,可以通过全国招商,实现最大限度的市场覆盖,这是家装公司无法复制的优势。这种方式培育了千千万万的代理商和经销商,做得最成功的代理商、经销商年销售额可以超过 10 亿,顶尖高手就是百亿商,佼佼者就是千万亿大商,年销售几百万的代理商、经销商是最普遍的群体。家居部品商和代理商、经销商,是相互成就的关系。一个贡献好品牌、好产品和好的扶持政策等;另一个贡献资金、时间精力、本地化的资源等,一起攻下市场。

代理商、经销商开专卖店,必然需要店面,这就成就了全国成千上万的家居建材市场,但也有不少人购买或租赁了社区沿街商铺。市场的定位分三六九等,注重品牌和运营的中高端家居建材卖场冲上了云霄,比如红星美凯龙、居然之家、富森美等,专业家具卖场月星家居、吉盛伟邦、第六空间等也实现了大跨步的发展。

房地产市场的跑马圈地,成就了家居部品商、家居卖场和家居经销商,其中家居部品商和家居卖场实现规模化复制和资本化;家居经销商分到了 20 年的红利实惠,吃到的也是肉,但无法实现规模化复制和资本化。比如华耐是代理商、经销商中的头部企业,实现了每年几十亿的销售额,在资本市场看来,溢价就显得太小了。**这确定是一个很好的生意,但还不是一个很**

好的上市题材。

这里的"金三角关系"建立在单品类全国渠道深度分销体系之上,代理商、经销商是出货的主体(想方设法出货),家居卖场做房东轻松赚租金(不断开新卖场、不断涨房租),家居部品商赚取规模红利(不断招商、不断推新品),彼此间相安无事,其乐融融20来年。

但是这个循环被上游房地产打破了,主要原因有以下三点。

第一,精装修政策公布,搅动了家居零售市场的格局,对于家居部品商来说,必须要重新建立面向精装修市场的新渠道,家居零售渠道被切走了一大块蛋糕。

第二,家装公司头部阵营的力量加强,放眼十年前,最大的家装公司业绩不过过亿;发展到今天,最大的家装公司已经有接近50亿的业绩。

第三,家装消费者正在发生改变,单品类的消费习惯正在消失,场景化消费、整装消费的习惯正在养成。

总结一下,**最大的变化是,代理商、经销商不再是出货的主体。**价值链上的这个职能被精装修和家装公司分流了,可以预见,越来越大的份额将被抢走。这是趋势的力量,顺势而为才是明智的选择。

二、家装公司的前世今生及未来

家装行业是房地产市场的下游,这是显而易见的。改革开放后,最早的家装公司估计在20世纪80年代就出现了,符合现在范式的、真正意义上的家装公司是从20世纪90年代开始的。大家都是从装修工人搭班子做起,逐步发展到目前的形态。在房地产大水漫灌以及个人信息没有保护的这20来年,家装公司进入的门槛极低,这种现象直到今天还没有得到根本改变。**家装公司天生是依靠"整合思维"做起来的,品质和口碑是装修企业长期生存的根基,规模就是装修企业利益博弈的关键筹码。**没有规模的装修

第一篇　产业变革启示录

企业,谈不上真正的整合力。

家装公司作为一个组织,需要具备以下五项核心能力。

第一,持续的、成本可控、满足需要的获客能力。

第二,可控的综合交易成本(成交转化能力、NPS转介绍能力)。

第三,匹配的、可靠的交付产能。

第四,产品研发力(满足家装消费者不断变化、升级的需求)。

第五,人才培养复制的能力。

装修企业不仅要做到这五项核心能力,还需要不断提升组织的整体效率、客户满意度和盈利能力。长此以往,头部家装公司的经营壁垒也就逐渐形成了。

家装公司,就像种树,扎根在本地,服务好本地的居民。这种生长模式,决定了装修企业复制的特征,一棵棵树种下去,然后一年一年地积累,扎根本地,扎根社区,扎根在本地居民的心中。家装虽然是非常低频的业务,但当我需要时,你就在我的左右,这是最理想的状态。

从种下一颗树,到繁衍成一片小树林,再连成一大片森林,优秀的家装公司是时间的朋友。我们要思考的是,复制家装公司,究竟在复制什么?是在复制组织。而这个组织,需要有深厚的企业文化底蕴、科学完善的体系以及优秀的人才及成熟的人才培养机制等。

家装公司承担了各个单品类经销商出货的职能,整装大店又在承担家居卖场的场景职能,你说未来会发生什么?显然,原本分给家居卖场和家居经销商的蛋糕,要重新分配了。这一点,有先见之明的家居部品商已经开始行动了,比如德尔地板,把整装渠道和零售渠道(经销商)以及精装渠道并列,成为三大渠道之一,说明头部家居部品商已经看清了渠道变革的趋势,开始提前布局。

家居赛道和家装赛道的碰撞与融合,仅仅是这个趋势的开始。**家装公司占据了家装消费者的消费场景入口,这个意义更为重大**。家居、家电、家具、智能家居等零售分销也开始进入家装公司场景,小赛道拓宽为大赛道。

从这个角度看,家装公司的竞争对手,早已不是家装公司友商了,而是其他赛道的几个巨头。头部装修企业要尽快结束零和博弈的状态,进入多赢博弈时代,进一步扩大头部装修企业阵营的规模,积蓄力量以应对未来更加不确定的竞争格局。

PART 2

第二篇
商业重构再观察

从今往后有两种企业,有钱的买流量, 有才的造流量

原红星美凯龙家居集团副总裁、畅销书《流量制造》作者　何兴华

一个流量就是与一个用户的一次互动。我们缺的不是用户,而是与用户互动的能力。我们需要将用户互动能力,或者说数字化用户运营能力,升维至战略高度,否则,大概率会被降维攻击。

从今往后,企业分两种,有钱的买流量,有才的造流量。造流量的也会很有钱,会顶替只会买流量的。

过去,获取流量的两大手段是打广告、开门店。这两种方法的关键都是"位置、位置、位置",即基于位置买流量。

然而,由于"获取信息"和"选购商品"的触点碎片化,且这个趋势不可逆,只会加剧,所以,靠大做广告、疯狂开店来不断"补血"的传统套路,注定永久性失效了。

出路何在?

终极解法只有一个:不再基于位置买流量,而是基于用户造流量。

至此,用户关系世纪大战已经全面开启,收割派 VS 养成系,正在多个战场上一决高下。

第二篇　商业重构再观察

一、流量制造，风口已来

没错，我们缺流量，而且越来越缺。

本质上，不是流量真的变少了，而是触点的碎片化，甚至粉末化，让下面的问题越来越严重了，只是我们惯性使然，并没有深究。

传统营销模式下，我们通过打广告或开门店，不断买入流量，核心要诀是"位置、位置、位置"。广告触达了一部分目标用户，或者顾客光临了店铺（无论线上或线下），都已经产生了兴趣，甚至已有明确的意向，或者已经产生了消费，但是，我们不知道这些用户具体是茫茫人海中哪一位，更无法主动再次触达他们。

所以，大量的广告浪费在了非精准目标人群身上，而且更大的浪费是：看了广告的用户、逛了门店的用户，与我们只是打了一个照面，由于缺少后续的互动，大量的精准潜在客户没有产生兴趣，产生兴趣的没有产生意向，产生意向的没有产生购买，产生购买的没有产生复购。

值得深思的是：通常，我们面对转化率低、复购率低等问题，都会去比较我们与对手的品牌力、渠道力、产品力，甚至广告力度，却忘记了还有一种力——与用户互动的能力。

我们不缺用户，缺的是与用户互动的能力。

拥有大规模连锁门店的朋友，最不缺用户。

有意思的是：如果我们是一家 ToB 的企业，我们会对上面的情形零容忍，因为我们珍惜每一个线索和用户。

但我们是 ToC 的企业，我们就会问：这些很重要吗？

在以前，其实也没有多重要，因为我们和我们的对手彼此不认识，所以，我们只要和对手"死磕"品牌力、产品力和渠道力，还有广告投放力度就好。

但是今天，情况有变：有人抢跑了。

我举个例子。我家楼下有两个面包房。有一天我加班很晚回到家,我老婆让我帮她点一个链接,我一看标题,这不是楼下 A 面包房在搞活动吗?一点击直接进了群。本来准备随时退群,没想到这个群是个宝藏群,店员每天除了在群里和大家互动之外,还不断更新每日、每周、每月畅销单品盘点,孕妇、宝妈等特殊人群专属推荐,最吸引人的是各种新品推荐,比如紫薯蛋黄流沙包,转发朋友圈可享 9 折,——让人想买;有视频课程,在家就能做奶香小蛋挞,——让人想学;有甜品师在线直播制作下午茶,还有爆款特价产品,——看着都好吃;每两周还有免费亲子烘焙课程,需要用积分抢名额,老婆为儿子抢到了两次;每周五傍晚的红包雨,邻居们纷纷出动;最近又多了限量版手工调制饮料与咖啡可以拼购,简直停不下来……总之这个群无时无刻不在刷屏。

更让人惊讶的是,群主特别会"带节奏",经常定向@业主,感觉群主貌似对每一个群友都很了解。进群没多久,我也被@了,还问我是不是 Tommy 的爸爸?Tommy 马上要过生日了,最近刚好店里新出了一款用萨斯卡通莓、曼密苹果、秘鲁赤潮等十几种新奇水果制作的蛋糕,是 Tommy 最喜欢吃的水果蛋糕,需要的话现在下单,就送一个 Tommy 妈妈最喜欢吃的"法式焦糖酥"。最近正在发愁给儿子订什么蛋糕,没想到群主提前帮我想好了,连我老婆的爱好都考虑到位,于是没犹豫,当时直接就下单了。

这些都不是最厉害的。我家儿子生日当天早上 7 点(7:30 他出门上学),A 店的店员竟然在群里面@我和我老婆,在群里面发了一个定制的生日祝福短视频,发完之后,群友们都在群里面祝我家儿子生日快乐!后来直接就刷屏了。

三个月后,有一次周末晨跑,我路过 B 店,突然意识到自己很久没进去过了。不知不觉中,我基本只在 A 店买东西,频次比从前高了两倍,更夸张的是,我在 A 店群里的线上消费金额,已经远超到店消费金额。

为什么会这样?因为 B 店,还只是基于"地段"在买流量,只在店内兢兢

第二篇　商业重构再观察

业业招呼顾客,顾客离店即"失联",互不打扰;而 A 店,以用户为起点,生生不息地设计互动,不断地与用户相遇、相遇、再相遇,源源不断地制造流量,反复成交。

在我们的思维中,必须有一个"范式转变":流量的起点,不是"位置",而是"用户"。

变化如此之大,值得深挖一下:A 面包房的新玩法,靠的是什么?靠的是新媒体生态和大数据技术的不断成熟。

从贴吧、微博、微信公众号、小程序、社群运营到小红书、抖音等,私域流量真正出圈。任何商家与每一个用户在广告、门店之外进行"私域精细养鱼",——与用户持续互动、反复交易成为可能。

另外,在新媒体生态里的互动,带来了最鲜活、精准、规模化的用户数据沉淀。

近两年,各行各业领先品牌大力建设的数据中台初步成熟,瓶颈被击穿。至此,基于位置的"广而告之"升级为基于用户的"精准投放","全链路营销"经典广告理论搬上了实操竞技场,根据用户所处消费旅程的环节,在"公海里精准捕鱼"——"全域获取精准潜客、全域激活既有用户"成为现实。

就此,传统营销的任督二脉被打通:大数据技术让识别用户成为可能,新媒体生态让触达用户成为可能。

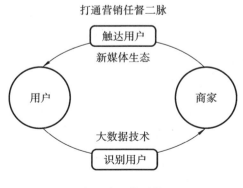

新用户运营时代

至此,大数据技术和新媒体生态初步全面成熟,标志着传统企业初步实现"颗粒度到每一个精准用户的、全域全场景全链路全周期的、定制化的"用户运营时代到来。

这里的"大数据"一词泛指所有在运营过程中所形成的用户数据。有没有与用户互动所"生产"出来的鲜活的、精准的用户数据,对营销和经营的影响往往是"质变"级的。当然,在保证质量的前提下,数据越大越厉害也是不争的事实。

至此,胜负已决!而这就是"流量制造"的时代。

什么是流量?

本质上,一个流量就是与一个用户的一次互动。无论是门店流量、活动流量,还是广告流量,流量的本质价值就是商业、零售、营销领域里,"三流"中的"信息流"价值,也是商品流和资金流形成的前提。

所以,流量实际上指的是信息的流动。A面包房的案例也再次论证了这一点。

也就是说,过去基于广告位置或门店位置购买的流量,本质上买的是与用户的一次次互动;反过来,今天与用户在公海里、私域里的每一次互动,都是一次流量的制造,一次线下门店的召唤,一次线上下单的诱惑,一次针对用户心智的种草,一次信任与感情的累积。

厘清了流量的本质问题,我们再来看流量的制造问题。

买流量与造流量,两者底层逻辑不同。

买流量依赖的是位置流量思维,即基于位置花钱投放广告或购买租赁店铺,流量的利用是即抛即用式,信息传递的主流方式是"人找货";**造流量依赖的是用户流量思维**,是基于用户运营制造互动,用户的利用是永续循环式,信息传递的主流方式是"货找人"。

购买流量与制造流量的区别

	购买流量	制造流量
模式本质	基于位置的、广而告之式的用户招募	基于每一个用户的持续互动
核心资源	位置	用户
核心动作	"位置"评估	用户运营
重点工作	购买/租赁店铺或采购广告位	造画像、造内容、造场景、造工具
用户利用	即用即抛式	永续循环式
用户价值	易耗品	不动产
互动方式	人找货	货找人
运营结果	销售转化率低、复购少、口碑弱	销售转化率高、复购多、口碑强
流量类型	位置流量	用户流量
总结	授己以"鱼",自己是"鱼客"	赋己以"渔",自己是渔翁
两种思维	位置流量思维	用户流量思维

如果你把"位置"当做流量的起点,你心中只会有"转化",就会想,管他是谁,进门一个,转化一个。

如果你把"用户"当做流量的起点,你心中就会有"互动",就会想,我如何才能在下一个转角和"用户"相遇,相遇,再相遇,直到成交,然后继续相遇、再成交。

那么,流量制造到底是什么?

流量制造,就是以每一个用户为核心,通过"货找人"的方式,与用户进行全域、全场景、全链路、全周期的互动,持续产生 N 个流量的过程。

这个过程正是数字化用户运营。整个过程包含"公域精准捕鱼"以及"私域精细养鱼"。

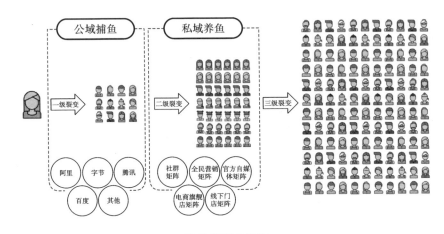

数字化用户运营

二、流量制造:未来十年企业增长的"核动力"

以上只是冰山一角。

真正的要害是此流量非彼流量。造出来的流量,是关联到每一个用户的、精准的、持续的、定制化的。购买的流量恰好相反。

正是因为这个原因,**流量制造不仅带来了流量倍增(少则 10 倍,多则百倍),**更带来了转化率、复购率、联购率、用户数的倍增。完美解决了上文提到的传统营销的三大痛点——有用户无流量、有流量无转化、有转化无复购。

看一组模拟的实战数据:两家企业花同样一笔钱,各自推广自己的一款美妆产品。

老牌企业习惯买流量,其战果是:花一笔钱,砸传统广告,其中 10% 锁定精准目标用户,广告播完之后立即与用户失联,坐在店里静候佳音,最终,用户的 1% 产生消费,0.25% 产生复购,0.05% 产生口碑裂变。

新创企业擅长造流量,其战果是:花同样一笔钱,投精准广告,其中 80% 击中精准目标用户,但凡打过照面的,都会在公海反复激活、私域高频互动、种草、种草、再种草,最终,20%产生消费,12.5%产生复购,5%产生口碑裂变。

新创企业消费用户这一级是老牌企业的20倍,复购用户这一级是50倍,裂变用户这一级是100倍。

看上去很夸张,但逻辑如此,只是现实中比较难找这么完整的例子。所以不那么容易察觉和证明如此巨大的缺口。

前者的打法也叫流量漏斗式,属收割派,满脑子想着来一个收割一个。

后者的玩法也叫用户运营式,属养成系,满脑子想着见一个养成一个。

收割派对待用户本质上是很傲慢的,每天煞费苦心互动的对象是投资人、政府领导、名人、大经销商、渠道大客户等,而不是用户;养成系是把用户关系看得比其他任何关系都重要得多,每天付出心力与财力最多、互动最多的一定是用户。一个是"我的眼里其实没有你",一个是"我的眼里只有你"。

这么说并没有夸大养成系,有以下实例为证。

红星美凯龙有2000多位设计师与星管家,每天在线上与1000万中高端家装用户进行着有关家装设计、施工避坑、尖货选购、评测报告、大促爆款、直播团购等各种热门话题互动,你侬我侬。

宝岛眼镜有1600多名验光师,不仅是门店导购,还是大众点评、小红书、抖音、社群等平台上的种草达人,每天解答着3200万用户关于爱眼护眼、眼镜选配等各种实用问题。

特步有1.7万名导购,每天通过钉钉、直播、小程序等渠道为用户带来穿搭推荐、新品上架、联名款预订、秀款特惠、爆款内购等追潮省钱快讯。

老乡鸡更绝,在"自家双微、老板官博、大V热门微博、抖音头条"等数以十万计的自媒体内容评论中找话题、玩互动,最终在600多万粉丝心中建立了极具社会感的品牌人设。

原本猫粮最极致,线上养宠顾问大概有30人,其中包含医师专家团、行为训练组、营养学专业组。医生有来自线下知名宠物连锁医院的管理人员和临床医生,有着丰富的宠物医疗专业知识和临床经验,为用户24小时在线上回答宠物轻医疗问题,提供免费的远程诊断。

如此一对一、多对一的"养成",意味着在每一个用户头上,种出的"流量"、收来的"销量"、传出的"新客量",一定完败收割派。两者的"亩产能力",或者说"栖产技术",不在同一个时代。

可以说,养成系是大数据和新媒体时代才可能有的产物。

以上是流量制造,或者说数字化用户运营,对流量增长、销量增长、用户增长方面的价值贡献以及对产品创新、服务体验、供应链、组织建设等一系列业务与管理模块数字化升级所产生的重要贡献。逻辑很简单,与用户的互动不同了,与用户的关系完全不一样了,掌握的用户数据,又全、又准、又新鲜,且源源不断。这样企业在运营所有相关模块的数字化时,才具备了必要的基础和助力。

以前,用户资产无法真正盘活,从今往后,不一样了,大数据和新媒体让我们都拥有了将每一份用户资产深度运营、深度挖掘的能力。

传统线下零售场与超级流量场的区别

类型	传统线下零售场	超级流量场
互动颗粒度	用户总体或用户群众,即广众、分众	每一个用户
互动方向	人找货	货找人
互动链路	无完整链路管理(每一个消费链路上的各个互动环节不串联、无闭环)	全链路
互动周期	无生命周期管理(生命周期内的不同品类消费阶段之间,呈现彼此独立的离散状态)	全周期

续表

类型	传统线下零售场	超级流量场
互动内容	商品(线下面对面) 千人一面	商品(线下)＋内容(线上) 千人千面＋一人千面
互动场景	线下	全场景(线上＋线下,公域＋私域)

前十年,无数企业通过"渠道精耕"获得了巨量的增长;未来的十年,必然会有无数的企业通过"用户精耕"获得更加巨量的增长。

线下拥有大规模门店的朋友心里一定很乐呵,摆明了逆袭时刻已来到,盘活每天自然到店的庞大用户资产、源源不断制造流量,成为大富翁指日可待。

三、4Ps 营销理论、4Cs 营销理论都不够,流量制造时代必须学会 4M

开心的同时,有些朋友免不了焦虑。

假如未来某一天,我有 100 万用户,但是我与他们的关系叫"一面之缘",我的对头也有 100 万用户,但是他与他们的关系是"朝朝暮暮"。如此对比,高下立判,胜负已决。所以,当务之急是先下手为强。

那么,怎么造流量呢？说实话,很难,非常难。

这门功夫很难练,需要练很长时间,且需要很多人一起练。练的时候,可能相当长的一段时间里,没有效果、没有动静、对手看不懂、自己人看不惯,大概率所有人看不上。不过,一定可以练成,一定有人会练成,其实有人已经基本练成,至少是上部(公域精准捕鱼)或下部(私域精细养鱼)。

一旦练成,一招制敌,降维打击。

玩转流量制造或者说数字化用户运营这件"瓷器"活儿,必须实现"一变

四造"。"一变"指的是从位置流量思维升级为用户流量思维;"四造"指的是需要练就四项全新功夫——造"画像"、造"内容"、造"场景"、造"工具"。

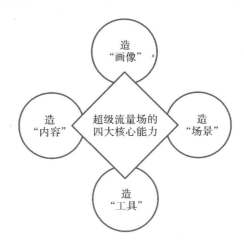

超级流量场的四大核心能力

如果用缩写的话,可以称之为"4M",即四个 Making(造)。说到 4M,你可能会想到 4Ps。是的,4Ps 是营销的基本原理,仍然有效,但是 4M 定义了营销新时代的"基本盘",即一家企业营销团队的核心能力、基本组织结构。

这些都是以前没有的能力,谁都没有,也不可能有,因为以前大数据应用与新媒体生态还没有出现或成熟。

造"画像"是对用户进行精准画像,是人的数字化,它是与用户互动的基础,让"货找人"成为可能,让"精准"与"精细"成为可能。用户数据沉淀是造"画像"的基石,一方面,要尽可能将线下用户行为数字化,另一方面,要尽可能增进与用户在线上的各种互动,从而轻松地累积更大规模、更多维度的用户数据,进而才能绘制出更清晰、立体、鲜活的用户画像。

数据中台是造"画像"的高配甚至顶配生产线,如果有条件,建设一方数据中台,会有效解决数据孤岛问题,让公域捕鱼的精准性与私域养鱼的精细度结合,从而获得持续的大幅度提升。

实际上,对于线下企业,沉淀线上用户数据,往往更重要、更容易,也更有价值。但是,很多朋友却忽视了这个问题。

造"内容"是制造与商品相关的内容,是货的数字化,它是与用户互动的介质。其中品类内容品牌商造不了,需要品类商躬身入局。在流量制造的新时代,每一次用户互动都离不开有价值的信息交互,很多场景里,传统广告很低效甚至是无效的,这是不争的事实,尤其是在私域场景里。此时,内容就是产品的再造,而产品只是"半成品"。现实中,很多企业的产品高度同质化,而彼此之间的内容制造能力却相差十万八千里,无论是内容制造的产量还是质量,导致两者在用户心智中不是一个段位,落选者自己感觉很冤,其实不冤,营销从来都是"认知大于事实"。

造"场景"即造线上五大场,是场的数字化,它是与用户互动的渠道。具体包括全域精准投放矩阵、电商旗舰店矩阵、官方自媒体矩阵、社群矩阵、全民营销矩阵,恰好对应用户在线上获取商品信息的五个主流场景。

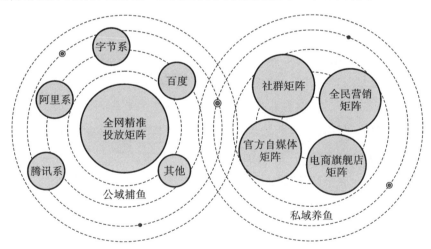

超级流量场的线上五大场

造"工具"即造各种数字化营销工具,是互联网产品。为了高效顺滑地连接 B 与 C,同时让 E 的绩效管理实现全面数字化。

无论是造"画像"、造"内容"、造"场景",都需要一套数字化工具支持,同时面向 C 端、B 端、E 端。即使不能自己研发,也要有懂技术与产品的技术人员能够整合通用工具,并落地定制化开发,实际上,还特别需要既懂业务又懂产品的产品运营者运用复合知识与经验,来把握产品研发与应用推广的准确方向并使过程顺滑。

每一"造"都需要一支技术密集型的专业团队,传统营销人员不能直接胜任,而转型需要时间并考验学习力。一家企业如果没有这些"新兵种",还讲数字化,可谓是典型的空谈。然而目前的现实很骨感,除去少数在"公域精准捕鱼、私域精细养鱼"两个赛道上领跑的企业,绝大多数企业几乎都没有真正开始发力建设这些"新兵种"。练就整个组织的新能力不易,改造或建构新团队更难。

这就是这门功夫难练的根本原因,有多少钱也没有用,是要练出多个专业性极强的"新兵种",且能够相互协同作战、与"老兵"志同道合、与原有管理层和老板在同一语系里对话。

既然这么难练,是不是只能由大企业、有钱的企业来练?

肯定不是!造流量,中小型企业普遍适用,也是新创企业冷启动的最佳方式。找两个人生产与产品相关的内容,而不是打广告或"守株待兔";做好社群的种子用户运营,或者让导购等员工在线上某平台、某场景或多平台、多场景,一对一与用户互动;老板最应该亲自上阵,持续观察数据、绘制用户画像、挖掘用户潜在需求、迭代产品、迭代推广策略,同时多看看营销工具的推陈出新,找到称手的兵器用起来。就这样,三下五去二,"造画像、造内容、造场景、造工具"都转起来了,也会直接发挥效力了。当然,本质上,最有价值的是有了可以看得懂、朝朝暮暮互动、带来层层裂变的种子用户。很多快速跑出来的品牌都是这么做的,也是他们成功的要诀之一。

用户运营数字化这门功夫这么难练,投资回报率划算吗?

各行各业都在搞数字化,从研发、生产、供应链,到服务、营销、组织、物业、物流等,我认为无论从先导性、规模性、经济性,还是确定性而言,用户运营都是传统企业做数字化转型最有价值的洼地。

四、品类商：流量制造超级玩家

流量制造时代会诞生一个新物种——品类用户运营商，或者称作超级流量场。理由有两个：品类商拥有最丰富的用户资产；品类商拥有最强大的用户运营能力。

那么，谁是品类商？

品类商是我生造的一个概念，相对于品牌商，平台型零售商都是品类商。

天猫、京东这样的零售商是经营全品类的超级品类商，大润发、永辉、步步高、全家等大卖场、超市、便利店都是经营多品类的品类商，万达、爱琴海、银泰、大悦城等也是拥有多品类商品和服务的品类商，红星美凯龙、孩子王、丝芙兰、宝岛眼镜等零售商是经营某个大品类的垂直品类商。

此外，那些聚焦某一品类、商品品种足够丰富、自产自营的品牌型零售商，既是品牌商又具备品类商的属性。比如品牌蛋糕店（幸福西饼、面包新语、21CAKE）、品牌零食店（来伊份、良品铺子）、品牌体育用品店（迪卡侬）、品牌家居店（无印良品、宜家）、大型品牌服装店（李宁、ZARA）、品牌水果店（百果园）等，也都具有品类商的属性。

长期被价值低估的品类商，其实在造流量这件事上天赋异禀。他们拥有6大基因：**用户多、数据多、货品多、活动多、导购多、品牌强**。这些基因让品类商在四造能力上，相比品牌商更有优势。

品类商六大基因

		六大基因					
		用户多	数据多	货品多	活动多	导购多	品牌强
造"画像"	数据中台	●	●				

续表

		六大基因					
		用户多	数据多	货品多	活动多	导购多	品牌强
造"内容"	品类内容			●			
	活动内容			●	●		
	直播内容			●	●	●	
	品牌内容						●
造"场景"	全网精准投放矩阵	●	●				
	社群矩阵	●		●	●		
	自媒体矩阵	●		●	●		
	全民营销矩阵			●	●	●	
	电商旗舰店矩阵	●	●	●	●		●
造"工具"	全套数字化用户运营工具						

先说说"货品多、活动多"这两个最重要的基因。正是它们成就了品类商能够持续输出丰富且刚需的内容,与用户保持互动的高黏性。这一点至关重要,是确保品类商有机会造出线上五大场的最核心因素。

相比品类商,很多品类的品牌商,如纯净水品牌、方便面品牌、食用油品牌、地板品牌、床垫品牌、冰箱品牌、电视品牌等,通常并不具备建设大规模强私域的能力,原因正是在于产品品种相对单调,迭代出新速度相对较慢,没有持续产出用户喜闻乐见的大量内容的可能性,所以即使用户加了粉丝群、入了会,也会由于尬聊的气氛而火速转为"僵尸粉"。

"用户多"则意味着品类商能够造出行业里最大规模的线上五大场。

品类商的用户是品牌商的合集,一个地板品牌只有自己品牌的已接触用户,而红星美凯龙几乎有整个地板品类的中高端用户,包括橱柜、地暖、床垫等各品类用户,大卖场、超市、便利店、Shopping mall 更是如此。

总之,品类商是品类用户的入口,是品牌商的用户池。

品类商通过线上五大场,实现全周期的品类用户运营,让同一个用户不断认知新品类、尝试新品类、消费新品类、复购新品类,从而为不同品类、不同品牌的用户拉新、激活和转化持续制造流量,显著降低了品牌商获取精准流量的成本。

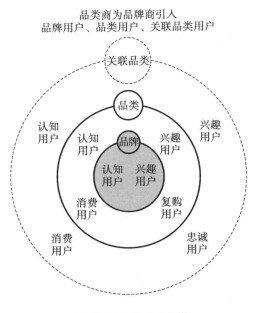

全周期的品类用户运营

这是品类商为品牌商输出流量的重要方式之一。

"数据多"成就了品类商拥有最强大的五大场运营能力,即最精准的公域捕鱼能力、最精细的私域养鱼能力。这意味着品类商相比品牌商在制造流量上拥有绝对的效率优势和成本优势。

"数据多",才能拥有最清晰立体、精准又新鲜的用户画像,才能真正发挥出大数据的威力。

相比品牌商,品类商拥有一个用户的"更全"数据。不仅有用户线上及线下浏览的行为数据,还有消费用户的消费数据,以此形成营销闭环。如红星美凯龙,不仅有选购地板的用户数据,还有选购床、空调、沙发、餐桌、门窗与灯等品类的数据,以及家装设计、家装施工、家装服务的用户数据。

大数据的算法模型在营销领域应用最广泛的是关联模型和聚类模型,实现关联销售与人群聚类分析。绝大多数品牌商不拥有品类数据。所以,几乎谈不上关联分析和聚类分析,谈不上大数据的独立应用能力,而品类商可以。

导购多意味着有强大的全民营销军团和强大的自播主播军团;品牌强更是硬道理,每一次用户互动都用得上这种强大的背书力量,每一个工具的开发都仰仗品牌背后的雄厚财力和人力。

在传统广告营销时代,开发营销工具不算大事儿,甚至不是事儿。数字时代则完全不同。每个行业都必须持续开发并迭代强大的、复杂的、满足各种定制化需求的数字化营销系统及工具。这需要投入巨大的人力、财力,品类商有这个实力,且开发的全套营销工具可供全行业品牌商、经销商以及其他生态合作伙伴一同使用,同时可分担开发成本,因此带来了新的利润增长点和新的商业模式。

随着这些工具被大范围地应用,品类商获得了更强大的影响力和整合能力,同时,也收获了更多维度、更大规模的数据累积。这些全场景适配的数字营销工具,对于提升造流量的效率和效益至关重要。

以前,红星美凯龙商场做大促需花费巨大的精力来策划活动,然后等客上门,现在则是通过数据中台驱动下的聚合广告投放平台在全网精准"捕捉"潜在用户、激活老用户,以及通过145个天猫同城站、2万多个社群、20万入驻全民营销平台的团达人、9大官方自媒体矩阵,精准、高频地利用各种定制化内容,对老用户进行"种草",利用数字化用户运营源源不断制造流量,从而实现活动的高引流、高转化、高联购、高裂变。

事实上，不止红星美凯龙，以孩子王、宝岛眼镜、屈臣氏、永辉、天虹、银泰、丝芙兰等为代表的各业态平台型品类商，都拥有这个数字化时代赋予的历史性机遇，加速升级为品类用户运营商。

拥有数字化用户运营能力的品类商，将不再只做"销"——做商家的货架、做商家的销售渠道，**还能做"营"**——做商家的媒体、做商家的传播渠道，从销售渠道商华丽升级为营销服务商，从不动产运营商升级为用户资产运营商。

品类商将作为行业的用户运营中台，联合品牌商、品牌商的经销商、导购、KOC、超级平台等多方角色，达到用户共享、数据共通、内容共创、场景共处、工具共用五个层面，从而构建用户运营数字共同体。

面对同一个用户，品类商与品牌商将形成从品类用户运营到品牌用户运营的数字化服务接力。也就是说，在数字时代，品类商要打两份工，即开辟位置流量、运营用户流量，同时也创造两份价值和收益。

从买流量到造流量，这一轮进化与以往有本质的不同，不再是因为消费者注意力集体大规模迁移而产生巨大的流量红利，而是由消费者与商家之间信息传递效率的革命性升级而产生的更巨量、更经济、更有效、更持久的流量新红利。

家电业的成功经验如何迁移到家居建材行业

成都共同管业集团副总经理 朱元杰

把产品和品质做到极致的是格力,把品牌和服务做到极致的是海尔,把研发和销售做到极致的是美的!当年家电业内有一句戏言:格力空调是造出来的,海尔空调是修出来的,美的空调是卖出来的。

中国价格战,率先从家电业打起。

1995年3月26日,四川长虹电视先行发难,空调行业随之迅速跟进,中国家电业开始了长达数十年的血雨腥风之路。价格战的结果是黑色家电全行业亏损,在中国传统制造业中绝无仅有。在"剩"者为王的时代,一批批制造商和代理商纷纷倒下,绝大多数企业已成明日黄花。胜者书写奇迹的同时,也带给全行业一个惨痛而又深刻的教训,如何从"剩"者变成胜者?作为当年家电业的亲身经历者和实践者,我一直也在思考一个问题,如今转行到了建材家居行业,又当如何实现行业的突围?

现代营销理论告诉我们,企业在市场上的综合表现,最终的驱动力是由产品力、品牌力和销售力组成。中国家电业最终的胜者——美的、格力、海尔无疑是中间的优秀代表,因为这三家企业成功突围,均进入世界500强,

第二篇　商业重构再观察

还有伴随着制造业崛起的渠道商——苏宁,也进入世界500强,实现了厂商共赢的结局。深入探讨它们的崛起之路,我发现了一条极其有意思的规律,把产品和品质做到极致的是格力,把品牌和服务做到极致的是海尔,把研发和销售做到极致的是美的!当年家电业内有一句戏言:格力空调是造出来的,海尔空调是修出来的,美的空调是卖出来的。

这可能就是家电业三大巨头能够脱颖而出的真正原因。

二十多年前,我被现董事局主席方洪波招到麾下,第一次踏入美的空调总部时,方总还是美的空调国内营销公司的总经理,他的办公室里挂着一幅他自己题写的对联:市场无情,能创新方可生存;营销有道,唯变革才有发展。从此,美的在创新和变革的道路上越走越远,离世界500强的距离越来越近,终于有一天,成为中国家电行业第一家跨入世界500强的企业,在产品研发和销售模式的不断创新中,世界多了一个美的。

1. 向美的学习产品创新,差异化满足市场需求

作为一个老美的人,来到成都共同管业集团,感受最深的是在这一点上和美的不谋而合。

成都共同管业集团,主营产业是不锈钢水管和钢塑复合管。作为不锈钢管道行业最早、行业内最大的企业以及一直以来的行业领导企业。公司成立将近20年,一直在不锈钢管道这一细分领域默默耕耘。公司成立不久,董事长陈模为研发团队下达了死命令——每年研发出一款新产品。作为大学老师出身的陈模内心深处非常清楚,百年企业的百年之路,就在于不断创新和变革之中。世界上唯一不变的就是变,而且是以变制变,以快变制慢变。

其实,进入建材家居行业,我感到最大的困惑是似乎这个行业缺少变革的动力和热情。我们不能期望像电子行业和互联网产业那样迭代出新产品,但纵观建材行业,尤其是管道行业,我们很难看到产品研发和营销模式的创新。

今天的消费群体和十年前发生了巨大的变化,今天的资讯传播模式已完全迥异于当年,今天的营销手段和方法很大程度上颠覆了过去,今天的世界变革也应该符合摩尔定律和马太效应,而今天管道行业还在延续十年前甚至二十年前的产品和营销模式,其结果必然是以变制不变、以快变胜慢变。

所以成都共同管业集团不断推出各种新产品,从不锈钢给水管到不锈钢燃气管,并且是行业内第一家将不锈钢管道引进燃气领域的企业;从铝塑复合管到钢塑复合管;从不锈钢给水管到不锈钢排水管;从不锈钢工程管道到不锈钢家装管道,从小口径不锈钢管道到大口径衬塑钢管,从管道到抗震支吊架等。可以说,在不锈钢管道行业,成都共同管业集团股份有限公司是行业内公认的创新型企业,只有创新才能带来差异。

2020年新型冠状病毒波及全国,公司延长假期,闲来无事的我重读任正非的文章。多年前华为的任正非在《让听得见炮声的人决策》文中写道:我们后方配备了先进设备、优质资源,应该在前线一发现目标和机会时就能及时发挥作用,提供有效的支持,而不是拥有资源的人来指挥战争,拥兵自重,谁来呼唤炮火,应该让听到炮声的人来决策。

任正非其实谈到的是市场导向的问题,在市场复杂化和竞争激烈化程度都不断加剧的时代,明确的市场导向已经成为企业发展战略中必不可少的组成部分。只有掌握理解、吸引并保留顾客的高超技巧,企业制定的战略才向顾客传递优异的价值,并通过不断调整自身的发展战略,使之与不断变化着的市场需求保持一致。即使是拥有世界最尖端技术和最佳创新经营模式的公司,也必须与其顾客保持密切联系,还要比它们的竞争对手更早认识

第二篇　商业重构再观察

到顾客的所有潜力。

一切都应以消费者需求为导向,这一直都是集团公司的营销主张,也是集团公司开发新产品的宗旨。

不是为了创新而创新,是为了市场需求而创新,创新是为了制造差异,制造差异就是为了满足消费群体差异化的需求,美的由此走向了世界500强。

2. 向格力学习聚焦战略,坚定企业的战略定力

世界战略管理大师迈克尔·波特在他著名的竞争战略里,提出了三大竞争战略模型,分别是总成本领先战略、标新立异战略和聚焦战略。其实每个企业都希望在这三大战略上有所突破,或局部,或全部。但传统的制造产业,要实现总成本领先战略,就意味着其供应链管理、产品生产管理、财务管理和营销管理达到其他企业无法达到的高度;标新立异战略则意味着不断创新,满足不同市场需求。

尽管成都共同管业集团已经获得了57项专利,仍感到创新任重而道远。而聚集战略则可以通过锁定特定的目标客户、专注细分市场、通过细分市场获得价值链上的最大化优势来实现,多年来,成都共同管业集团一直锁定在金属管道尤其是不锈钢管道领域,通过聚焦战略在这一细分市场精耕细作,将这一产业做透做专,从而进一步实现做大做强。

细分市场的性质决定了客户群体的狭窄和独特,而细分的消费人群,尤其是不锈钢管道的使用群体,不管是工程客户还是家装客户,明显比塑胶管道要高很多。高端的消费群体最大的不同就是对高品质的认同,这甚至是他们选择高端产品的理由。

这种聚焦战略,其实一直都是格力使用的战略,将公司所有的竞争优势,全部聚集在空调领域,心无旁骛,成为这一领域绝对的专家,成为消费者心目之中绝对的专家,这一点,格力确实做到了。从早期的"好空调,格力造",到后来的"格力掌握核心科技",再到现在的"让世界爱上中国造",格力一直都在强调品质,因为董明珠深知,消费者选择了格力,其实就是在选择品质,从另一方面来说,就是选择放心。

成都共同管业集团也不是没有动摇过,其实很多企业在成长阶段,都受到了太多的诱惑,甚至可以说,企业的成功一定程度上是抵御诱惑的结果。很多专家学者在研究企业经营战略的时候,发现在产品经营战略方面,产品链上下游延伸的多元化经营,是成功概率最大的一种形态;而完全无关的多元化,例如中粮集团,涉足于地产、旅游等领域,则是成功概率最小的。格力的经营战略,让企业在战略制定上,除了聚焦战略外,还有战略实施上的战略定力,不为眼前利益诱惑,只做好自己的产品。

产品品质是生产出来的,不是检验出来的,很多企业都在强调这一点,但在不锈钢水管行业真正能做到的却不多,因为他们基本上缺少检验的手段和设备。共同管业在质量管控方面达到了所有产品100%全检合格,足以证明生产产品品质的合格。今天看起来这一手段很普通平常,但却是行业里唯一真正做到的。格力就是靠着品质迈进了世界500强。

3. 向海尔学习服务,建立最大的差异化优势

越来越挑剔的客户,越来越难以满足的需求,越来越个性化的要求,这就是现在的市场。

大规模定制其实早在十多年前就被提出来了,如果说那时的大规模定制还囿于技术手段难以实现,如今大数据、3D打印等技术已经成熟,并已经广泛应用于生产。

除了技术硬实力竞争品牌无法模仿外,服务可能是最大的差异化。

当年家电业价格战打到最惨烈的时候,海尔空调以行业最苛刻的服务要求成功脱颖而出。从此,海尔成为服务的标杆,向海尔学服务,成为家电行业乃至全行业的学习准则。从进门自带鞋套,到不喝客户一杯水,不抽客

第二篇　商业重构再观察

户一根烟;从给客户打扫清理垃圾,到主动打电话回访客户;从填写客户服务保证卡到建立客户信息跟踪系统,其实,优秀的企业早在二十多年前就这么做了,今天,仍有很多企业还没做到。

成都共同管业集团的总经理陈工力是从共同管业的售后服务人员开始做并成长起来的,比别人更懂得服务的重要意义。

建立行业售后安装服务人员最多的团队,保证货到人到,像当年的海尔一样服务好客户。将产品安装做到零缺陷就是最好的服务,服务没有止境,但服务能够创造口碑。至今,集团公司还保存着当年国家很多部委甚至更高的国家机构写的盖着公章的表扬信。

海尔正是凭着优质的服务,昂首跨进了世界500强,榜样的力量正激励着成都共同管业这样的企业,虽然路途还很遥远,但我们奋勇向前。

"不畏浮云遮望眼,只缘身在最高层",我们只有比竞争对手看得更远,才能不被浮云遮住双眼;好的方法永远来自市场一线,我们只有尊重市场运作规律,让听到炮声的人去决策,才能远离失败;我们只有对标最优秀的企业,才能真正赢得市场。

传统辅材商互联网化转型，依然需要市场教育

搜辅材创始人兼CEO　田晓东

辅材电商与材料市场的相互竞争，有人说这是一个电商蚕食市场的时代，但现在来看是两败俱伤的局面。

建材市场现今阶段已发展三十年的时间，所有的逻辑依然是围绕着坐商—行商—终端直销商—平台电商—社区电商，从行商到平台电商到社区电商，这一路的变迁迫使材料商们在不同阶段走向了不同的道路。现在建材市场还是立足于传统材料商的手中，新兴技术型电商企业发展依然迅速。

一、现今的辅材材料市场到底是怎样的状态？

1. 从客户的角度

众所周知，辅材在C端市场认知度并不强，主要还是在B端，产品类目多，单一需求量小，在装修市场上的小B方议价能力差，痛点明显。可以说现在的建材市场的主要需求还是在于工长和装饰公司。

装修辅材市场都有极强的地域性特点，某些品牌在北方很受欢迎，但是

第二篇　商业重构再观察

进入南方市场后关注度没那么高,再次,工长作为建材市场的主要客户来源具有一定的向导作用,业主和普通消费者对于产品并不是很了解,安全环保是客户认为辅材产品价值的依据,但是什么材料好、做工精细等就考虑得不多了,种类繁杂、价值较低的辅料业主不容易搞清楚,由施工方采购比较省心。

2. 从传统材料商角度

众多的SKU对全品类运营渠道提出了更高要求,线下任何一家门店都不足以支撑起全品类的产品经营,但单一或部分产品经销的门店集中在建材市场内,就形成了一个有机互补的建材生态圈。市场中经营的主体大多数具有三十年建材发展的经验,具有能吃苦、坚韧性强等特点,不容易被行业淘汰。市场抱团是一个很好的共赢的发展业态。上游供应商也以此为市场突破点进行宣传推广,政策的扶持让市场中的这类人获得了额外收益。

线下市场的特点在于区域化经营,选址位置一般围绕具有地产项目或在建楼房3~5公里范围内,方便工长、装饰公司购买产品及配送,在外部看来具有高时效性和高库存周转。但问题在于建设性成本高、可持续性弱,房屋建设一旦完成,短时间之内销售效率快速下降。又因为外部大批掠夺者,例如装饰公司发展自己的闭环产业,更多地产方介入建材行业抢夺蛋糕,传统材料商感觉到了威胁。

3. 互联网的发展决定着辅材电商的崛起

在2015年初始,辅材电商迅速崛起,工长和装饰公司更愿意在不影响工期的情况下了解价格,随时随地下单购买。这样快捷、提高效率的方式也得到了客户的认同,赢得了市场的信任。在市场上材料商的单一品类的沟通也得到了很好的处理,客户满意度提升,而厂家也更愿意跟电商平台合作,减轻了人员和渠道建设的负担。在辅材赛道上就出现了传统材料商与辅材电商平台的竞争。

4. 市场行业的发展还是没走进实际中

2016年"新零售"概念出现,电商平台普遍认为产品需要得到客户的体验,线上线下共同发展才会增加客户渠道来源,让客户也得到服务上的享受。材料市场为了竞争也贴出了一站式速配、免上楼等服务项目,材料商摇身一变成了配送商。在这红海之战中,辅材电商的作用逐渐被放大,降本增效优势显著,资本注入增多,互联网创业者也不断增加火力。

但电商发展两年之后开始出现疲软的迹象,材料市场对于互联网的片面认识更是将自己的发展步伐困在一个很小的范围内。一方面,材料商将互联网等同于实体连锁,认为只需要按照经销商时代的发展逻辑在线上开足够多的店铺就能实现销售增长,尽管早期有些成效,但是线上店铺的泛滥、数据营销应用知识的匮乏、用户转化率降低等导致面临难题。对材料商来说,只要有生意,其更愿意在线下完成交易。另一方面,很多电商平台创业者可以说是材料市场的外来户,不了解区域化市场运作而盲目拓展,不了解产品而烧钱提高GMV,对其他成本(运营、人员、仓储等费用)进行缩减,发展资金一旦受到威胁,就面临被吞并或倒闭,这已经在发展多年的市场内验证过了。

辅材电商与材料市场的相互竞争,有人说这是一个电商蚕食市场的时代,但现在来看是两败俱伤的局面。

在现在的行业发展中没有绝对的对手,区域化经营的优势还是在建材市场的材料商手中,辅材电商想通过自营占领当地是不可能的,高资本运作、服务性的统一不可能让全国市场都得到均衡发展。行业客户一般都有长期合作、价格敏感的属性,长期有效性是需要深耕细作的,单城市做大很难,辅材电商在短时间无法做到这一点,这已是实践过的。**从为客户提供服务,从平台产生的附加值来看,辅材电商更像是建材市场的补充,是传统材料商转型的方向、样板。**

5. 从可持续发展的角度看,关键在于电商平台如何赋能于材料市场

辅材电商具有能动性,具备供应链整合的能力,这是材料商不具备的,将平台赋予在建材市场上,除了不再受城市区域的限制,也将采购、物流与销售进行规模集中化管理,使客户可选择的品类更加丰富。从实施层面考虑,辅材电商因与材料商具有高度一致的业务流程,很容易将互联网经验及技术赋予材料商,在能够获得品类、效率收益时,也不会对现有产业中的客户主体产生太大利益冲突。

举个例子,搜辅材于2015年年初创立,服务于全国十几个城市,被行业称为辅材电商中的小京东,致力于为城市加盟商提供移动电商解决方案,赋能传统材料商提高辅材供应链落地服务能力。以供应链系统、仓配数据管理及营销线上运营等方式解决材料商产品单一、仓配时效、拉新转化等一系列短板问题,平台对于客户购买产品具有预知能力,可以有效分析材料市场的趋势。搜辅材可以看作是材料商的辅材管家。

在长时间的发展过程中,材料商通过搜辅材十年运营经验把原有业务搬往线上,通过线上模式得到以下能力:

①让企业内部信息向外透出;
②线上化数据整合促使企业降本增效;
③结合线上电商与供应商进行谈判;
④通过系统化链接扩大企业合作规模;
⑤促使企业自主发展运营。

6.平台能力的赋能让材料商获得更多的盈利可能性

建材城的繁荣因为电商化的发展会越来越集中。建材市场规模也因更多材料商的加入产生系统化数据链条,同时这也是辅材电商获取发展的要点。但这一点也决定了原有的交易习惯的改变。材料商具有传统思想的特性,客户都需要适应交易平台的规则,熟悉与运营平台服务就是驱使客户转移到平台的工具(如快速配送、免上楼服务、金融减免等),那么这就是要做所谓的市场教育。

7. 高资本的投入具有杠杆性,将生意做到数据经营

一般人认为,用资本做高 GMV 的扩张无效,这种说法也不太准确,扩张的无效经营在于对客户诚信度的把控上。从业务层来说,辅材电商进入市场就需要交付高额度的教育费,换来更多的客户人群。行业客户有更新快,倒闭率、坏账率高的特点。等价交换的杠杆原理总是倾斜在负现金流上,过多的补贴确实是电商发展的潜在危害。但同时客户具有长期合作的稳定性,如果把 GMV 做起来,也就意味着扩张了合作伙伴、供应厂商得到更多的合作机会并获取更低的价格,针对优势权衡利弊也是数据化运营的重要一点。

二、市场教育的风险如何有效控制?

交易往金融发展是辅材电商的一个延伸方向,也是客户在逐渐适应线上交易衍生出来的刚需,金融信任毋庸置疑是产业互联网的标配,而且从产业互联网需要解决的核心问题上看,供应链金融是实现"金融服务体系"最合适的模式,电商平台的立足点更多的是在数据与账期的节奏上把握平衡,坏账的情况也可以通过销售业务员和客户筛选制度去避免,将客户的信用度通过数据来表现,就可以把控这一环节。

在这一点中,我认为在行业中接触客户最多的还是建材市场中的原住民,他们更了解当地客户人群的授信度,如果辅材电商想要把控行业金融的实施性,减少金融服务的损失,还是要赋予材料商这种能力,建立授信平台,让更多有效客户得到相应的支持,才是最好的方式。

1. 运营服务才是行业的需求价值

过去,材料商把自己的生意附加在供应链的基础上,以维护上游获得更低的成本,现在的市场是多元化渠道发展的方向,服务已经是衡量产品中的重要标准,只有客户自己感觉被重视,才是建立品牌忠诚度的基础,电商的平台结构很复杂，尤其对于传统材料商来说，想要一蹴而就驾驭有一定的难度，尤其对于数据服务上的感知。这也是材料商最大的问题。

从运营合理化方面来说，资本的运作是流量导入的主要手段，杠杆想要平衡就需要后期的客户维护，最终留住客户的绝对不是低价，而是客户对平台及市场的认可，就是所谓的口碑。ToC的思维决定着B端的发展方向，我们除了在做到客户现有服务之外，还需要针对客户所面临的实际问题做更深度的服务，也就是在资源数据整合和未来发展上形成一个新的运营系统，该系统涉及链接企业的经营战略及运营工具，满足客户的实际需求。

2. 建材行业未来一定是数字信息电商化、产品服务精细化的发展趋势

辅材电商具有降本增效、整合供应的能力，是近五年发展出来的新兴链条，也是未来建材市场一体化服务发展的趋势。建材行业发展已有30年的时间，本地的原住民对此较为了解，但其缺乏对上游市场的控制及决策能力，传统材料商想要在材料行业中生存要具有学习电商化管理经营的观念。在此环境中，我认为辅材电商应当担任导师的作用，帮助建材市场中的原住民进行互联网化转型，以此来完成建材市场电商化的过渡，这也是搜辅材在未来要做到的事情。

"适应新场景、构建新交付"，解析德尔的"护卫舰"模式

德尔地板地面材料产业总裁　姚红鹏

当下，随着我国房地产由增量时代进入存量时代，德尔审时度势，开拓创新谋转型，正式提出"场景生产战略"。

没有成功的企业，只有时代的企业。作为大家居行业的领军者，德尔在创新创变的道路上已经走过二十载，先后经历了品牌塑造、品质提升、资本融合、产品领先等战略发展阶段。当下，随着我国房地产由增量时代进入存量时代，德尔审时度势，开拓创新谋转型，正式提出"场景生产战略"。

德尔现有零售、精装、家装三大通路，零售通路通过线下门店直面消费者；精装通路聚焦国内品牌房企战略合作客户；家装通路则借由装修企业间接服务一线消费者。三大通路宛如三条轴线，构成了德尔发展的三维空间，相互加持助力。

为顺应单一通路向三大通路转型、品牌制造商向系统服务商转型、流程节点驱动向数字化驱动转型的时代要求，适应线上线下的新场景改变，进一步提高客户的满意度和认可度，德尔在家装通路上开创性地推出"护卫舰"模式，为装修企业伙伴提供"零顾虑"交付保障体系。

第二篇 商业重构再观察

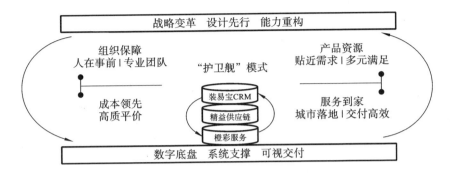

德尔地板经营模式

1. 构建全新组织保障

在组织架构上,德尔成立了独立的总部整装事业部,包括产品管理部、业务拓展部、联合营销以及仓储、配送、安装等职能部门,以专人专职保障高效沟通与服务承接。通过德尔总部营销赋能,保障区域落地交付,完成总部营销化、区域服务化的构建,为业务高效开展提供专业的组织保障。

2. 产品持续引领行业

作为无醛时代的开创者,德尔无醛地板总生产规模及销量常年位居全国第一。德尔拥有三大品牌产品方案,可满足不同群体的多元化消费需求,其中,德尔地板聚焦大众消费,Der·1863瞄向精英族群,1863·ART则锁定进口拥趸。

在装修企业产品线上,德尔主动摒弃了"顺带做"的观念,为家装业务定制了专门的产品线,现有三条专属产品线(分别是极受欢迎的超值单品、同步国际前沿趋势、多品类全系列阵容),可做到"品质同步国际,花色款式同步潮流",真正实现潮而不同。

3. 成本领先,追求质价比

在大家居行业里,德尔是少数独自拥有林板一体化产业链的企业,可完成"从一棵树到一块板"的全流程生产交付。不仅如此,近年来,德尔不断深化对现有生产基地的精益化管理,实施"机器代人"策略(从领料到包装,全程实现机器代人),提升智能制造水平,切实做到品质保障、成本领先,可为装修企业伙伴提供高质价比的产品阵容。

4. 服务到户,提升交付能力

为满足家装企业的服务需求,德尔独树一帜,建立了"城市服务商体系"和"橙彩服务平台"。橙彩服务平台定位为智慧服务输出平台、服务信息管理平台、工人队伍养成平台,可实现对服务商管理、评价、培训赋能,通过服务到家,全方位提升交付能力。

此外,德尔还通过总部直连直管的模式,培育了一批专业家装运营服务商,并加以数字化后台管理,实现从订单、资金、物流到服务的全链条畅通,大大降低了装修企业和材料商之间的沟通成本,从而提升服务效率。

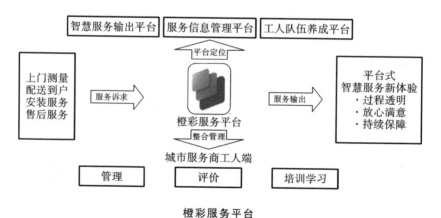

橙彩服务平台

5. 数字底盘,实现全程数字化运营

在数字化战略加持下,德尔始终秉承以客户为中心的发展理念,致力于打造全链条交付数字化平台,建立物、款、人、进度、风控等多维度、端到端的全业务流数字化管理,打造符合家装客户多渠道、个性化、社群化消费特点的平台。面向家装需求消费者,建立全域流量矩阵,构筑"省心、放心、悦心"的一体化交付体系。

第二篇　商业重构再观察

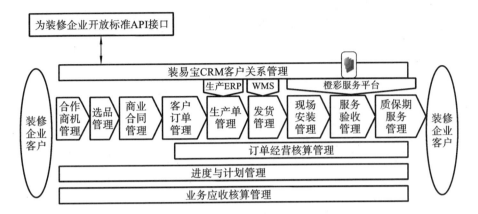

装易宝 CRM 平台

创新驱动发展！围绕"立志成为中国最有影响力的地面材料品牌服务商"的发展愿景，德尔要做时代的企业，做高质量发展的引领者，通过"适应新场景、构建新交付"，开拓一条解决行业发展痛点的创新之路，全力满足新时代人民群众对美好生活的向往。

拥抱定制家居时代的"冷思考"

管仲连子(上海)企业管理有限公司 CEO　周清华

"穷人是富人的边界",意思就是说,富人有良田万顷,穷人靠当佃农谋生,穷人在路边开荒所种的几平方米的菜地,富人就不应该去争夺。给人留活路,自己才能活得更好、更体面,社会才能更有包容性,更和谐。行业生态的建构,也应该如此。

一、定制家居史就是一部生活史

所谓定制,就是从顾客特点、特征等个性元素出发,为其专门设计、制作的产品或者服务。这种产品或者服务相对于标准产品或者标准服务而言,对顾客的匹配性、适意度会更好。在英文里面,定制有两个标准的词,一个是 Tailormade,另一个是 Costomized。

由于服务也可以笼统地被称作产品,本文基本上用定制业务或者定制产品来统称,有时它指的是狭义的定制产品,有时也泛指广义的定制产品或定制服务,或者是两者之和。

大众比较早接触并且相对熟知的定制产品可能是定制服装。据我观察,有一个有趣的现象,上海的定制服装店明显多于中国其他城市。如果我说上海人是中国最善于把有限的资源用到最佳呈现状态,中产阶层乃至下产阶层最少也能弄出个"小资",比较会讲究"派",估计不会有太多争议。由此可见,定制产品除了更有匹配性、适意性、更好用之外,更有"派"和"腔调"。

除了定制服装之外,中国的有钱人会去欧洲定制家具,更有钱的富豪会定制汽车,定制游轮。有钱的中国明星的新婚蜜月旅行大多都是定制旅行,没有谁是跟团来一个标准化的产品的。

以前定制产品其实更多的是有钱人的专利。只是如今技术进步了,虽然我们大部分人没有实力定制房子(只能买开发商千篇一律而且结构非常不合理的标准房型),也没有实力定制汽车,那我们来个定制家居吧,毕竟技术的进步使得定制家居成本大幅下降。

人类发展和消费的轨迹非常有意思。在农业社会和手工业时代里,所有的东西都是定制的,因为那时根本没有标准化的工业产品,那时人们觉得定制产品很平常,相反更希望购买工业化的标准产品;进入工业化时代之后,人们享受了高质量、低价格,也就是高性价比的产品之后,人们对定制产品的需求又回归了。当然这时的定制产品已经在手工业时代的定制产品基础上有了一个质的飞跃。这就是人类发展和需求的螺旋式上升的必然规律。

商业就是开发和满足新的需求的,让我们家居人拥抱这个崭新的定制家居时代吧。

二、定制家居:实用和审美兼得

我们在上文已经讲到,定制无论是量体裁衣的定制服装,还是量身裁料的定制汽车,抑或是量房裁板的定制家居,都更接近消费者的个体、个性需求。**然而世界上没有两全其美的事情,满足个性需求就会牺牲工业化和标准化带来的效率和成本优势,成本的上升当然会反映到销售价格里。**

英文里有一句俗话描述这种情形:**Either good products, or good price!** 就是说要么你的产品很有个性、很有"腔调",要么价格便宜,消费者必须看中其中一项。在产品定位战略理论里,这叫做差异化战略和成本优先战略的选择,厂家和消费者必须二选一。

消费者选择定制家居有两个维度的考虑。

首先是实用(功利)层面的,现在的房子这么贵,当然希望尽可能把房子的每一寸空间都最大程度地利用起来,定制家居当然比标准家居能更好地利用空间;同时,定制家居可以更多地满足使用者的一些个性偏好,使用起来更顺手。

其次是审美(精神)层面的,量身定做嘛,享受了一对一的专属服务,有一种高于普通消费的满足感乃至优越感,这种"派"和"腔调"属于审美层面的需求。

然而,奇怪的是,消费者,尤其是中国的消费者,既希望能享受到优于标准产品的定制服务,又不想为这种更优质的服务支付额外费用;既要驴儿长得好,又想驴儿少吃草。这是消费者的"需求"。

消费者是上帝呀,你得千方百计讨好他们。如何尽可能地满足上帝们这种需求呢?这就是从业者们需要"知其不可为而必须为之"的事情了。

三、定制家居之路该怎么走?

所有的科技、社会进步都是逼出来的,即压力能带来创新动力。

第一,在标准化中间寻找个性表现,在个性体现中寻找标准化的规律。 将原材料、辅助材料、零件、部件、基础工艺以及半成品、中间品尽量标准化,降低备料、设备配置、初加工环节的资金成本和劳动力成本。

我们可以把它叫做"规模定制",可以形象地理解为既要工业化的规模经济,也要定制化的个性表现;也可以理解为在规模经济和定制个性中寻求一个平衡。这一点,从事定制家居行业半年的厂家都知道,基本已成常识,不多赘述。

第二,广义的定制家居产业集群,即定制家居生产厂家、定制家居设计师、设计机构、设备制造商、工业软件开发商、行业协会、产业链的上下游参与者、产业集群关联协作商,需要真正理解定制家居这个行业的特点并做出分工和协作,专业的人和机构做专业的事情,提升效率。据我所知,至少在山东临沂,分工协作,不管是自觉的还是不自觉的,反正已经形成一定态势和规模。在广东和长三角的定制家居圈,也已经看到这种萌芽,尽管还不如临沂这么成熟。

第三,大企业、行业头部企业正确定位自己并合理引领行业。行业头部企业的战略、思路和行动路线,对其他参与者具有示范和引导作用,这是不容置疑的,尤其是在行业格局建构期间。一个合理、良性、健康的行业生态中,所有行业的参与者都是受益者,但是头部企业、行业领袖归根结底是最大的受益者。

遗憾的是,我国在产业集群的生态建构中,历史经验一再表明,实在是差强人意。行业领导品牌缺少"边界"意识,不为中小企业留生存空间,希望把所有的生意都做了,把所有的钱都赚了,逼得中小企业,尤其是小企业无路可走。最后,小企业只能"光脚的不怕穿鞋的",为了生存,恶意破坏行业生态,结果导致行业规模还没有做大,恶性竞争已经不可避免,就是通常说的"行业还没有做出规模,但已经做烂了"。我国的人造木(科技木)行业就是最典型的案例。

"穷人是富人的边界",意思就是说,富人有良田万顷,穷人靠当佃农谋生,穷人在路边开荒所种的几平方米的菜地,富人就不应该去争夺。给人留活路，自己才能活得更好、更体面，社会才能更有包容性，更和谐。行业生态的建构，也应该如此。

行业头部企业应该"胸怀行业，定位企业"，建构合理、良性的产业链和产业生态，把产业链的有些环节留给中小企业去做，协作发展，才能优化产业生态，呵护产业良性、健康发展，使消费者和行业参与者一起受益，头部企业也会成为最大的受益者。

第四，重视设计师的价值。 定制家居的特点，决定了在产品研发、制造工艺落地、客户落单等各个环节中设计师都起到不可替代的作用。因此，纵使不能把设计师都纳入合伙人的行列，设计具有吸引力的利益机制、培养并留住设计师，是定制家居品牌良性发展的必由之路。

第五，不要"红了设计师，绿了安装工"。 设计师很重要，这一点很多老板都容易理解，但是很多老板不理解除了设计师之外，安装工也很重要，千万不要"厚待了设计师，伤害了安装工"。而且安装工的水平提升，不是一朝一夕的，没有技术过硬的安装工，基本不要指望有满意的交付和良好的口碑。我在领导北美枫情进入定制家居领域初期的制度设计中，就预见了这个问题并设计了北美枫情特有的 SMDI 模式，事实证明，对安装工特殊有加的厚爱，使得后续北美枫情在这方面事半功倍。

四、江湖的划分：板式、原木和实木定制

按消费者对产品感知的差异来分类，定制家居基本上被划分为三类：板式、原木、实木。尽管弱化工艺和材料、强化表现效果和使用体验已经成为行业认同的趋势，并且还会继续沿着这个趋势大步前行，但是定制家居的大江湖基本上已经被划成三片小江湖。

第一片江湖，板式定制家居，已经有了数家上市公司，并且规模已经达到几十亿甚至上百亿，这些头部领导品牌，不管数年前是无意撞上了机遇还

第二篇　商业重构再观察

是高瞻远瞩预见了风口，反正已经形成诸多集成优势，江湖格局很难撼动。

第二片江湖，原木定制家居，基本上是"高定"格局，属于缝隙市场，也属于典型的富豪或者准富豪的"真正"私人订制，在这片小江湖里可以培育出隐形冠军品牌并获得很好的盈利能力，但是很难甚至基本没有可能达成与板式家具一样的规模，更难以复制。

原木定制家居对厂家的坚持力、定力有非常高的要求，没有很好的"金钢钻"，千万不要去揽这个"瓷器活"，让具有"德国精神"和"日本精神"真正的工匠精神者们，去播种和收获这片独特的江湖吧。

第三片江湖，实木定制家居（板木定制、板木复合定制家居），以实木、多层板、生态板作为主要材料，在工艺无法达成的少部分地方，会使用少量的中密度或者高密度纤维板，表面基本上是油漆形态，油漆形态又主要划分为混油（覆盖木纹）和清水（呈现木纹本身效果，至少部分呈现木纹特征）。

实木定制明显高于原木定制的效率，因而成本比原木定制明显下降。实木定制的另一个优点是比原木定制美观，可以通过设计和工艺表现出更多的设计美学成分。实木定制具有更高的性价比。定制家居时代的到来，应该主要是这片江湖更有作为。

我从个人对行业的研究和几年来的实践经验分析，认为**实木定制家居会有以下几个特点或趋势。**

（1）迄今为止，实木定制家居没有把江湖划分完，在定制家居大品类里，这个子品类也具有更大、更多的发展空间。

（2）实木定制家居短时间内还难以形成大规模企业，比如年营收10个亿以上，哪怕5亿，短时间内都很难。

（3）经过行业集群上下游的共同探索，依托技术进步和工艺改革作为路径，在未来几年内，也许3～5年，单一品牌达成10个亿规模应该会成为现实。

（4）行业上下游分工协作，尤其是部分零部件成为标准化的行业配置，会使实木定制家居成为整个定制家居大品类中行业协作最充分的子品类。这种分工协作客观上会促进这个子品类的相对良性、合理发展,从而使行业自身更具生命力和发展空间。

(5)一个品牌和一套管理体系下承载多个制造工厂,从而形成规模优势,这种"1＋N"模式,会体现出真正的优势和生命力。

五、拥抱定制家居时代

定制家居会成为中国家居家装的一个时代,其中最有作为的是实木定制家居,但目前还处于典型的"大行业,小企业"阶段。

一个行业的培育,有些弯路是不得不走的,我们应该向先行者致敬。但已经有好多先行者成为了先烈后,依然前赴后继、冲动跟风、简单模仿,只能说"精神可嘉"。商业虽以成败论英雄,但还是呼吁企业家多一点思考、方法,少一点冲动、浮躁。

"独行快,众行远",这句谚语对实木定制家居行业很适用,打开企业的围墙,互相探讨,厂家之间的同业合作是必须的。

"兼听则明,偏听则暗",我们需要借鉴国外的经验,不要闭门造车。

战略大于勤奋,从商业模式和利益机制(分钱机制)的建构上入手,才能让企业走得远,才有前途。**定制家居的行业特殊性决定了企业需要"合伙人",而非一般意义上的"雇员",老板没有分地盘、分钱的胸怀和思维,就不要从事定制家居这个行业。**

总之,建构良好的行业公共生态、公司企业生态,家居从业人才能不辜负定制家居这个时代。让我们头脑清醒,勤勉务实,迎接定制家居时代。

方太在家装渠道"乘风破浪"的心得

方太集团家装事业部重点客户总监　方棋

2年时间,营收18亿、增长50%,见证它从零到一、从无到有的蓬勃成长之路。

成绩的背后不仅有合作伙伴的支持与信任,也有我们对十二字服务方针("业务就是服务,服务就是利他",即"你介绍,我成交,你收款,我服务")的坚守,从而实现与合作伙伴互利互惠、合作共赢。

一、开辟家装新航道,开启新一轮成长曲线

2年前,方太决定进入家装渠道,当时,我们面临的棘手问题是家装涉及产业链太多、区域市场较为分散。作为部品企业必须找寻"线上营销和线下落地"都很强的家装合作伙伴,携手将复杂的家装流程数字化、信息化,以客户为中心,通过服务的力量,把美好厨房理念传导到消费层。

当开始与家装公司合作时,时任方太家装事业部总经理傅立军就定下了"业务就是服务,服务就是利他"的十二字方针,并强调"家装公司只负责

推荐和成交,剩下的都是方太的事情。让所有的家装公司合作伙伴省时、省心、省力,抽出时间做主营业务,成交更多的订单。"

2020年12月,方太集团与圣都家装举行了"一心一亿"的战略合作签约仪式。此次,方太与圣都的战略合作,双方将打通合作渠道,利用圣都的整装优势和方太的品牌优势,完成资源互补,进一步扩大方太市场占有率、提升圣都整装产品内涵,共同实现2021年一个亿的目标。

行业从单干到融合的变化,将成为下一个增长点。随着时代变化,传统的卖场不再作为消费者的首选,依靠单一的爆品去实现增长的时代已经成为历史。我们相信,只有在同一个链条上做好联合(从产品、营销到服务的立体化变革),才能把产品更好地推广出去。

二、苦练内功,寻突围逆势增长

面对不平凡的2020年,方太家装事业部用一串亮眼数字增长证明其过去一年不俗的表现。

2020年,方太在行业内先后开展了方太首届春秋季家装节活动。其活动的初衷是携手全国性(东易、圣都、业之峰、星艺、维尚、我乐、全友等)、区域性的家装公司,将合适的产品根据客户的不同需求提供给他们,实现互利互惠、合作共赢。从三月到五月,方太实现了26%的业绩增长;而在秋季阶段,实现了将近50%的业绩增长。

在家装节的基础上,方太在全国推广"跟单制",利用116个实地销售和售后服务机构15000余名实地零售营销人员,7000余个零售终端,1500多个售后服务网点等优势,全面布局家装渠道,提供无与伦比的高品质产品和服务,确保方太售后的及时与无忧。

一系列漂亮的战绩,不仅体现在简单的数字增长,反馈更多的是得到了业界的认可。在首届春季家装节活动中,方太与18000多名设计师进行了百场互动,同时邀请了150余位业界大咖站台,使得家装设计师群体与方太充分互动、认知品牌,在业内掀起了一股方太家装节促销的热潮。

从春秋两季家装节,到9月家装两会、10月"家装向阳而生"沙龙、12月双十二家装盛典,过去的一年里,方太以高效的速度融入家装渠道,也积极融入设计师群体之中。

未来,方太仍会持续加大开拓家装渠道。全面入局设计师群体,让厨电产品和橱柜做更好的融合。携手全国性或区域性的家装公司,实现互利互惠、合作共赢,为消费者提供一站式服务,真正成就厨电行业的下一个增长点。

这一切良好的表现与漂亮的战绩背后凝聚的是方太家装事业部的团队力量。2020年外部的疫情危机倒逼团队苦练内功,从总部家装到全国各个大区部、分公司,再到经销商,集结成一支充满活力的家装队伍,将为2021年实现更快速的增长提供源动力。

三、挑战与机遇叠加,瞄准健康消费风口

2020年8月,方太在一年一度的新品发布会上,带来了两款新品,分别是集成烹饪中心Ⅱ代、全新一代水槽洗碗机E5/Z5。这两款产品的关键词都是"健康"。

洗碗机品类,在近年来成为厨电行业中一匹亮眼黑马,更在疫情时期表现突出。随着健康理念与懒人经济的兴起,洗碗机的市场表现出强劲的增长性,增长率不断提升。此次,方太推出的水槽洗碗机E5/Z5,搭载了方太原创发明全净透空化技术,颠覆行业清洗机理,引领洗碗机品类迈入"第二代清洗技术时代",树立行业发展新的风向标。

同时,以方太集成烹饪中心为主的集成产品,集合了烟、灶、蒸、烤的多品类产品,不仅在功能性和美观性上都呈现出强大的生命力,还激活了用户

对厨房健康的重视。

另外,随着房地产红利消失,近十年的高增长期已逝,在转型期进行时,还有疫情的冲击下,也加速了厨电行业洗牌。

对此,过去的两年整个厨电行业确实受到了一定影响和冲击。但是,我们有信心,未来仍有市场空间等待挖掘。二线城市的存量市场,三线、四线城市的下沉市场,会有分层级的策略去拓展,消费者选购厨电产品的品牌化、对产品健康的需求等,也会带来新的机遇。

后疫情时代,健康消费成了新风向。疫情让全民的卫生防护意识有了进一步提高,接下来方太会重点对消毒洗净甚至包括饮用水等健康产品进行布局,打造方太的健康厨房专属,让方太的合作伙伴及消费者安心的同时,也让方太在家装渠道更加深入人心。

面对多变的市场环境与激烈的竞争,各大厨电企业纷纷以自己的新方式开拓新赛道。方太则聚焦于家装领域,用创新产品与服务讲述了新的故事。

2021年,我们会在家装航道上坚定前行,迎着健康消费风口,继续秉承着"为了亿万家庭幸福"的使命,以创新为引擎,积极面对行业变化,同时助力家装行业推陈出新,更好地服务于客户。

定制家居无醛添加"价格战"背后，我们看到了什么？

网易家居、网易设计全国总编辑　胡艳力

那些因为价格而来的消费者，最终会因为价格离开；企业最终要为消费者创造价值，有合理的利润才能有更好的产品和更优质的服务。

以"无醛添加"之名掀起的又一轮的价格战在2020年成了浓墨重彩的一笔，由欧派牵头，索菲亚、好莱客、尚品、维意、百得胜等几大品牌相继加入，这场环保普惠战真金白银、听得见炮声，一时间十分热闹。

众所周知，**每次价格战背后都有商业逻辑**，特别是在疫情期间，在众多品牌业绩压力空前的背景下。

（1）引流，短时间内引爆更多关注、转化。

（2）抢占更多市场份额，用利润换规模。

（3）打击竞争对手，甚至有时一剑封喉。

一、"价格战"的开端

价格战由来已久，在很多行业都屡见不鲜，特别是在产能过剩、产品同质化严重、市场格局未定的产业中会周期性出现,几乎都是由头部品牌发起,通过价格战快速拉动市场占有率。

老生常谈的空调行业就是一个典型,回顾其近30年的发展历史,通过三次惨烈的价格战,品牌集中度不断加强,龙头企业早早突破千亿大关。数据显示,2020年前7个月排名前三的品牌,即美的、格力、海尔,集中度达到81.9%,而排名前五品牌的集中度超过90%。

相对产品标准化、库存压力大的空调行业,行业渗透率不高、品牌集中度低、行业认知度弱、非标、价格不算透明的定制行业不可能完全复制空调行业的发展轨迹。

其行业属性决定了定制不可能如此彻底地爆发价格战,但从行业规律中可管窥一斑,类抛物线的轨迹几乎是每个企业发展的写照。行情好的时候,几乎每一个品牌都是翱翔在天空的雄鹰。业绩高速的增长掩盖了很多问题,当行业红利逐渐消失时,行业增速放缓、竞争压力空前,**头部企业的优势就开始显现出来,他们通过自身品牌、人才团队、渠道、供应链、资金等优势,对小企业进行降维打击**,包括以价格战的方式,抢占更大的市场份额,这就是我们常说的"马太效应",这是竞争的手段,也是市场发展的必然。

我们经常看到很多行业的前几名打架,常常把老三给打没了,比如可口可乐和百事,吞噬了非常可乐的市场;加多宝和王老吉打架,和其正消亡;美团和饿了么混战,百度外卖死了。当欧派三季度出其不意地发起无醛价格战时,行业一片骚动,面对如此直接的营销方式,索菲亚、维尚集团、好莱客等品牌快速做出反应,躬身入局!谁都不想成为那个被打掉的品牌。

这几大品牌都算得上头部和类头部企业,人手一张价格战入场券,即便咬着牙也得挺着打,而且打得漂亮又坚决,进一步挤压了以价格取胜的中小品牌和地方性品牌的生存空间。

可以预见,未来几年,头部品牌近身肉搏的几率会继续攀升,行业集中度持续加大,随着商业不断蝶变,千亿企业指日可待。

二、"价格战"的参与资格

显而易见,在行业竞争压力持续加大的背景下,**并非所有的企业都有资格参与价格战**,起码要具备以下几个条件。

(1) 定位大众规模化的品牌。
(2) 具有很强的成本领先优势。
(3) 有充足的现金流支撑。
(4) 渠道彪悍,同时有较好的产品组合。
(5) 很强的团队组织执行能力。

价格决定了你的对手是谁,而价格战就是一把利刃,打杀敌人的时候也可能伤到自己,能笑到最后的都是实力派,那些并非专业级选手的企业,稍有不慎就会把自己的利润打掉,"赔了夫人又折兵"。在二十世纪初空调业又一轮价格战中,地方性中小品牌逐步出局,然而当时发起价格战的品牌科龙为压缩成本牺牲了产品质量,遭市场反噬,最终难逃被收购的命运。

所以,虽然价格战是企业规模化路上必然的选择,是行业优胜劣汰的自我调节,但我们在尊重价格战的同时,不得不时刻提醒自己:

(1) 那些因为价格而来的消费者,最终会因为价格离开;

(2) 企业最终要为消费者创造价值,有合理的利润才能有更好的产品和更优质的服务。

三、"价格战"的定位和价值感的建立

当然,所有的市场打法都是由品牌的行业位置和定位决定的。

我们看看价格战的背面,那些没有条件或者无意价格战的企业,不在价格上死磕,而是把自己品牌的价值感放大,**找到细分行业或区域市场,把品**

牌价值做到极致，争取细分领域的唯一或第一，错位经营、打造自己的护城河，亦是上乘之策：

首先，找到品牌定位的细分的消费人群，或直接开创品类；其次，好好研究锁定的消费圈层，确认品牌定位；最后，通过策划、触达、互动，打造品牌价值感，让品牌走进消费者心中。

我们会发现有很多品牌在细分人群和市场中进行了很好的探索，例如近期定制圈在无醛混战中，玛格喊出"无醛不是我们的卖点，有颜有品才是"，主攻消费升级和改善型人群，言外之意就是如果第一套你买了某派某品某索，第二套房子可以选择玛格，玛格深度挖掘改善型消费者的定制需求，以高颜值、高品质、高性价比产品以及高标准服务，形成竞争差异化优势。

玛格全屋定制品牌发布会现场

类似的例子还有海尔和美的，在家电价格竞争白热化的混战中，开辟出了高端品牌卡萨帝和COLMO，专注对艺术、科技敏感的高净值人群；木美、上下、半木、多少等设计师品牌家具则更为小众,价格堪比进口家具,但也得到了追求设计感人群的喜爱;开辟了大理石瓷砖行业的简一更是在创领这个产业中不断前行,客单值首屈一指。**他们避开价格战的锋芒,集中火力攻坚自己的细分领域,重度垂直,大有可为。**

在细分人群(或行业)的运营中,最重要的是如何和消费者产生共情,创造品牌价值感,让消费者愿意为你买单。

那么品牌价值感是什么?是除了物理功能外的附加值;是品牌独特的气质、底蕴和稀缺性;是消费者那份仰视感。而价值感的建立是个体系,可以从以下三个方面打造。

(1)从产品本身挖掘。产品最基础的要求是必须有质量保证、解决功能性需求,对定制产品而言要结实耐用、环保达标,柜子储物等要素都应该属于标配,在这个基础上我们要寻找产品本身的更具差异性的卖点,才是关键。

例如矿泉水依云,价格一直居高不下,原因在于水的独特性,号称来自高山融雪和山地雨水常年聚集的阿尔卑斯山脉腹地,经过长达15年的天然过滤和冰川砂层的层层矿化与自然净化才能形成。那么定制独特的卖点是什么呢?最与众不同的板材、最有颜值、最能收纳,抑或真正一站式解决全屋定制都是消费者需求?如何形成差异化记忆还有待挖掘。

(2)从服务着手。最后一公里一直是家居或定制行业的痛,在产品同质化严重的情况下,服务成了营造品牌价值的重要突破口,目前定制行业还处于完善服务的阶段,从测量、设计、下单、生产、送货、安装到售后等全流程周期还有很大提升空间。

然而周期长、重度依赖人工、非标等特点决定了定制的服务过于复杂,想做好并不容易,但如果能在一定时间内构建服务的极致体验,是价值感塑造的最好机会。定制业服务哪些可以被放大呢?

海底捞通过服务走进老百姓的口碑中,出其不意又情理之中的服务细节打动了消费者,即便海底捞价格稍高一些也无碍顾客排队。近期看到一豪车销售企业的服务已经延伸到车主的家政服务,这也是很有意思的尝试。

(3)提升渠道和店面。 除了产品和服务,业主在什么地方,在怎样的店面环境购买也是品牌附加值的重要因素,所以品牌店面所在的地理位置和店内陈设,甚至是产品的包装都是消费者认知是否是高价值品牌的关键。

当下很多实体店遭遇了很大的压力,不仅仅是消费者购买渠道分散,更重要的是消费者对实体店的要求发生变化了,是否够高级、是否够新颖、是否成为被追捧的网红打卡圣地,成为消费者的关注点。

线下书店在人们的认知中早已江河日下,但设计师李想通过设计让钟书阁焕发了新的生命力,成为知名的商业案例,这也给我们新的启示。

四、总结

很多品牌追求价值感,过去很多年流行邀请明星代言,重金砸广告,这些为其奠定了很好的基础,但**品牌价值感是个虚实结合的系统**,复杂又简单。一个高附加值的产品,要有合理的价位、独特的卖点、极致的服务体验、高级的购买环境和打动人的品牌故事或理念,甚至品牌对外输出的所有的视觉、活动和文字都要经过统一设计,价值感塑造关乎成本产出,关乎势能,每个环节独立又相互成就,是每一个远离价格战、追求品牌附加值的企业永远的课题。

左手价格、右手价值,只要有本事炉火纯青,都是王道。

新一代理想家装企业的模型标准探讨

上海俞润空间设计董事长　俞爱武

在这个竞争激烈的时代里,理想、有竞争力的家装企业就是口碑驱动型＋价值驱动型＋产品力驱动型。

我国现代化建设进程中,要坚持以人民为中心的发展思想,扎实做好保障和改善民生工作,实实在在帮助群众解决困难。民生涉及衣食住行,其中住房在广大民众的心中十分重要,是作为一个家庭的一个中心。

如何解决住房问题？要满足自己家庭的人口基本需求,要有足够的储藏空间,要有一线大品牌的材料,要有有格调的设计,还要花最少的费用打造一个属于自己的"家"。这是作为一名普通群众的小小愿望,即想要一个自己理想中的"家"。

在这个时代,解决好大城市住房问题,促进房地产市场健康平稳发展,也是促进我国经济持续稳定发展和民生改善的重要内容。推进城镇老旧小区改造,除了改善小区环境,还要提高民众的居住条件,梦圆安居,改善民生。在这个城市的中心,家装企业应该明白,在繁华背后,每个人心中最柔软的部分,明白一个"家"的概念。用理想的可行性设计,用品质的材料,用革新的施工工艺,打造属于客户的理想之家。

俞润装饰以"帮助更多业主称心如意住新家"为使命,致力于成为上海家装行业安心交付领跑者,力求打造一个"装修业主选择时感到真正放心、消费体验真的很好、对交付成果真正满意"的家装企业,这正是新一代的理想家装企业,俞润装饰依旧在这个理念中努力前行。

如何打造一个"装修业主选择时感到真正放心、消费体验真的很好、对交付成果真正满意"的家装企业呢?

首先,作为一个家装企业,需要做到财务体系健康、税务规范。

从前的家装企业,就是小区门口的一个门面房,门面房的老板就是个夹着皮包,今天在,明天不知道在不在的"私人定制",当家里装修出现问题,想找人的时候,早就"逃之夭夭"消失在茫茫人海了。而现在的装修公司,是具备完备的工商手续、合法成立的,具有相应的注册地址、办公地址,正常缴纳税收的公司,在发生问题的时候能够找到相关人员处理,像俞润装饰,就有完备的组织框架,设计部、预算部、材料部、工程部、财务部、售后部等部门,可以为每一位客户提供最优质的服务。

其次,成为一个理想家装企业,需要管理先进、流程成熟、机制健全、运营效率高、数字化运营落地。

俞润装饰运用ERP系统,将售前、售中、售后整个流程以及各个部门全部联系在一个体系内,运用系统管控,减少对人的依赖,从订单的录入,到设计师的设计、预算,再到工程施工流程、结算流程,到最后的保修流程,都在一个系统内完成。这样成功地避免了在人员流动的情况下交接不清、材料遗失的问题,也能保留完整的客户信息,以便于对大数据的调取及分析。

再次,作为新一代的理想家装企业,口碑是实践中的重中之重。

在这个互联网发达的时代里,负面影响传播发酵起来,后果不是我们能够想象的。舆论的力量,甚至会使我们长期的努力付之东流。在这个竞争激烈的时代里面,理想、有竞争力的家装企业就是口碑驱动型+价值驱动型

+产品力驱动型。

口碑是在发展的过程中积累和沉淀下来的,是千千万万业主的评价,不是所有的工程都是顺顺利利、完美无缺的,尽力去弥补这个瑕疵,给客户一个满意的交付,才是我们一直秉承的原则。当家装企业的口碑积累起来了,口口相传的家装企业,不仅仅是一个客户满意的家装企业,还是一个让同行敬佩的家装企业,到那个时候,家装企业的价值就体现出来了。

而口碑的积累,关键点就在于交付。交付也在于整个施工过程中的施工人员。目前关于装修产业工人的呼声很高,实际情况依然是农民工的天下。每年2000万套的装修交付,就是由千千万万的农民工来完成的。但也会面临以下挑战。

第一,缺工人。第一代做装修的农民工年龄大了,有些已经到了退休年龄,有些快到退休年龄。有经验的熟练装修工人,一年比一年少了。农民工的下一代大部分是不会接班的,有些上了大学,社会阶层上升了;有些没上大学的,学专业技术上班,或者送快递、送外卖、开滴滴专车等,反正大多不愿意再做装修工人。这就导致了市场上整体缺工人。

第二,管理难度大。工人实际上在项目经理手上,工人调度、工期安排等都由项目经理负责,导致公司的管理始终隔靴搔痒,对于工期管理,工地质量管理只能治标,不能治本。另外,农民工的文化水平相对不高,做一天工就要一天工钱,他们不管质量究竟合不合格,符不符合规范。

第三,工人权益难保障。项目经理遇到难以解决的问题,有时也不负责任,撒手不管。项目未完成验收,装修公司无法拨付款项给项目经理,就会导致工人工资拿不到。项目经理会怂恿工人来装修公司要工钱,或者和业主要工钱,造成很大的负面影响。这就是俞润装饰采用ERP系统的原因,管控材料的发放,管控施工的流程节点,管控工程款的收付情况,管理好施工人员,就会有完美的交付,产生最终的好口碑。

家装企业的核心竞争力——产品核心优势,也能造就一个理想的家装企业。何谓产品核心优势,例如俞润装饰,从个性化的订单模式,转向了买手式的整装模式。整装定制买手模式是标准化整装模式的升级版,一方面设计上尽可能满足业主的个性化诉求,一方面材料上尽可能满足业主的个性化选购诉求;努力在全面个性化和规模化集采间找到一个平衡点,兼顾效率和体验。整装定制买手模式把装修需求的最大公约数确定下来,打包为"整装服务包";剥离了千人千面的个性化装修需求,作为"定制买手"服务,合并起来提供"整装服务包+定制买手"服务。高含金量的设计服务是本模式的王牌,承担着最终效果还原的重要责任。俞润799整装套餐,所有材料为一线大牌,保证品质家装,性价比高,以最终满意交付为最终目的。

对于一个家装企业来说,不能只是原地踏步,需要的是不断的革新和进步。作为一个理想的家装企业,需重视研发,重视专业价值,推动设计、材料、施工、服务等迭代进步,为业主创造更大价值。同时,企业员工的稳定性,对于企业的高速发展和进步来说,是必不可少的。一个优秀的理想的家装企业,应该是员工幸福、伙伴共赢、共同成长的。

俞润装饰在实践的过程中,在激烈的竞争环境中,修炼自己的内功,找到属于自己清楚的定位,转向整装的发展。其中有过质疑,有过颠覆,但是在这些过程中,俞润坚定了自己要走的路,清楚自己的定位,完成了蜕变。

总之,一个理想的家装企业有以下标准。

(1)装修业主选择时感到真正放心、消费体验真的很好、对交付成果真正满意。

(2)财务健康,财税规范,现金流充沛。

(3)管理先进,流程成熟,机制健全,运营效率高,数字化运营落地。

(4)口碑驱动型+价值驱动型+产品力驱动型,而非营销驱动型。

(5)重视研发,重视专业价值,推动设计、材料、施工、服务等迭代进步,为业主创造更大价值。

(6)员工幸福、伙伴共赢、共同成长。

第二篇　商业重构再观察

作为服务无数业主的家装企业,品质是其生命力,可持续的发展才是真正的王道。建立与客户、工人之间的信任,解决客户最后的满意交付,让装修业主选择时感到真正放心、消费体验真的很好、对交付成果真正满意,告别过去的模式,企业和企业员工才能迎接更加美好的未来。

我相信,每个在努力前行的家装企业,都能够帮助每一位业主作出最明智、最适合的选择,装修一个满意的新家。

从 0 到 30 亿,从 1 城到 52 城后归零,家装行业价值 30 亿的惨痛教训

南京面对面装饰创始人、1 号家居网法人代表　童铭

我很羡慕那些还活着的企业。因为企业对我们来讲就是生命,企业没有了,我们过去几十年白忙活了。

我从 1989 年至今摸爬滚打多年,做过木工、瓦工,2004 年创立了面对面装饰,2014 年更名为 1 号家居网,2018 年关门倒闭。过去 14 年从 0 做到 30 亿,然后归零,教训极为惨痛。

1. 开大店的坑

一个城市由一个大店、两个小店组成,面积为一万平方米,一共有五个城市。公司在 2016 年、2017 年期间,每年的房租租金将近 8836 万。装饰公司卖材料只要面积大就可以吗?我们再大也大不过红星美凯龙、居然之家,而且租金成本高,装修成本也高。在公司倒闭时,装修费用分三年或五年分摊,还有几个亿未分摊。

2. 伪供应链

1 号家居网当时量比较大,比如瓷砖、地板自己直接采购,同时还建立库房。公司的采购经理拿麻袋装着两千万、三千万去敲门,说我给你现金,

你给我优惠,是拿了一堆优惠的货回来,但一直放在库房躺着。到公司倒闭还有两个多亿的库存,物流成本、仓库管理成本都浪费了。后来想,当时公司有1.5个亿的库存,如果有1.5个亿的现金,公司可能不会倒闭。

3. 交付无法兑现

我们前期向客户保证省时、省心、省钱、省力,后来交付的时候不是那回事。因为什么都要自己干了,包括电视机、冰箱、洗衣机都是自己做,从设计师设计开始到结束全部都要参与进去,设计师有这个能力吗?没有。因此导致大量的延期和返工。

4. 人员臃肿

我们在武汉的大店,年产值三个多亿,助理就56个,人员臃肿,组织架构混乱!

5. 盲目投入信息化

我们做工地管家信息化是为了提高效能,结果工地管理增加了25个监察,反而降低了效率。另外,1号家居网在广州成立了近100人的技术团队,南京也有50人的技术团队,从前面的营销,到中台,到后台,盲目投入信息化建设。

6. 人情化借钱、分钱太江湖

我是工人出身的,比较江湖化,讲兄弟情义,家人文化。每到逢年过节,或者遇到结婚、生孩子、买房子等人生大事,没有哪个员工不借钱。我们在整体事后处理时,发现还有近八千万借给了员工。

我们全部是直营,包括商贸、家电、家具、建材公司。分钱的时候吃大锅饭,比如A城市分100万,B城市分80万,并没有按照公司经营业绩有就分,没有不分。实际上一人分100万,另一人分98万,98万的说他怎么分那么少,他没有想过他本来没有的。最后两年,我们请了咨询公司做股改,老师后来提醒我,若按制度讲他就不应该拿钱,结果我觉得这个兄弟一年了,还是给一点吧。

7. 盲目扩张

2016年我们想让公司上市,把深圳作为第二总部,租了一栋楼,装修费用为1600多万。那时全国有19个直营城市,一万平方米的有几个,还有几千平方米的,还有一千多平方米的。

那时资金流比较充裕,账面上有七八个亿,因此去做供应链。后来看到东易日盛财报,很奇怪外面融资成本那么高,还把三五亿放到银行存死期,现在知道了,这是客户的钱。

后来事后处理才知道原因:一个分公司装修一千多万,基本上分公司老板拿走一百万,管理很粗放。另外,我虽然把大店复制过去了,但人复制不了,人才储备不够。杭州、深圳开分店,招不到员工。这就是盲目扩张,所以拿钱开店,软实力一定要跟上去。

8. 危机公关能力差

一开始江苏的几个城市做得不太好,公司准备关闭,但在关闭的过程当中发现关公司比开公司还难,要处理方方面面的关系,有一两个老板没有处理好关系,问题被放大了。

于是在恐惧面前,所有的客户都不付钱,该出的单没有收到货款而延迟发货,连锁反应加上挤兑,谁都承受不了。

最后告诫各位同仁:"不要盲目了,如果不行就赶紧止损;那时候,我就是因为'差不多吧!再说吧!慢慢再说!'就变成今天这样子。行就是行,不行就不行。"

这四大模型让你洞察家装行业的本质，看清未来

知者研究

标准不成熟且不稳定是不可能实现产品化的，就像工业品制造，材质选择、生产工艺、包装规格等都有严格的要求，生产 1 万件和生产 100 万件，其产品在理论上是没有什么区别的。

知者研究（原知者家装研究院）长期专注于家装家居产业融合研究，在多年深耕的基础上，针对行业发展诸多问题，提炼出简单实用的四大模型，能够帮助家装从业人员洞察行业本质，看清未来趋势，找到发展定位。

家装家居产业融合研究的四大模型

模型名称	提出时间	模型概要
家装标准化四阶段发展模型	2017 年 6 月	针对行业内对家装所处发展阶段众说纷纭的情况提出该模型，以前端标准化和后端标准化程度作为家装标准化所处阶段划分依据

续表

模型名称	提出时间	模型概要
供应链五力模型	2017年7月	针对行业供应链若干痛点提出该模型,从五种关键能力强弱来判断家装企业的供应链效率
门店经营模型	2017年5月	针对行业不同类型、不同规模的门店提出该模型,从签单成本、交付效率、单个工地是否盈利、全年总营收、用户口碑五个维度来判断一家门店的经营情况
CDCT可持续性发展模型	2016年12月	针对行业众多家装企业遇到发展瓶颈并有企业退出的情况提出该模型,从产品化、数字化、护城河、团队四个维度来综合判断一家标准化家装企业的可持续发展能力

模型一:家装标准化四阶段发展模型

针对行业内对家装所处发展阶段众说纷纭的情况,知者研究以前端标准化和后端标准化程度作为衡量维度提出了家装标准化四阶段发展模型。

前端标准化:指的是签订合同前的各阶段的标准化,包括报价、获客、邀约上门(到店)、订单转化、量房、设计方案、签合同、施工交底等。

后端标准化:指的是交付及售后的整个阶段的标准化,包括材料采购、施工派单、施工服务、材料进场、各阶段验收、售后服务等。

在《"颠覆"传统装修:互联网家装的实践论》全新修订版中,将前端和后端标准化综合概括为:终端(展示)标准化、设计标准化、供应链标准化、施工标准化、服务标准化、运营管理标准化及信息系统化七大块。

第二篇　商业重构再观察

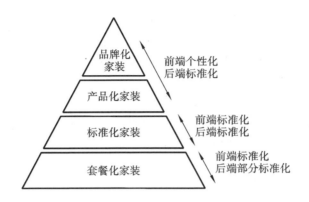

家装标准化四阶段发展模型

第一阶段是套餐化家装。

前端标准化，后端部分标准化，供应链标准化、施工标准化、信息化等方面很初级。目前，大部分家装互联网化仍处于这一阶段。

而传统装修的套餐包则是前端部分标准化（如报价，但获客、转化、签约等都不稳定），后端个性化，"价低、人多、不挣钱"会让这类套餐包走向死胡同。

第二阶段是标准化家装。

前端标准化，后端标准化，但标准的成熟度、稳定性不够，因为产品还在不断升级，市场也在扩张拉伸，还有升级的空间。家装互联网化还没有进化到这一级，在供应链标准化、服务标准化、运营管理标准化及信息系统方面还有很大提升空间。

爱空间的定位已经由"开创20天的互联网家装"变为"标准化家装的专家和开创者"。不过对标准化家装这个新品类而言，路还很长，需要整个行业一起来烧这把火。

第三阶段是产品化家装。

前后端涉及的所有标准成熟且趋于稳定。怎么理解呢？可口可乐的生产车间里，第一瓶和第一亿瓶的产品品质是一样的，如果不用显微镜来看的话。因为它的原料、配方、生产工艺等都是一样的，标准恒定，产品才会稳定。

标准不成熟且不稳定是不可能实现产品化的,就像工业品制造,材质选择、生产工艺、包装规格等都有严格的要求,生产1万件和生产100万件,其产品在理论上是没有什么区别的。

用商业逻辑来说就是,产品的边际成本不断降低,并且交付产品的所有流程都是应该算作装修产品不可分割的一部分。

而目前家装互联网化的产品化程度较低,10个工地,出问题的比率不下40%,如材料下错、工期进度拖延、施工质量不达标等,过程中导致用户投诉。当然有不少是沟通问题,但为什么避免不了呢？相比工业品而言,把这些问题工地若看成残次品,那占比是很恐怖的！

以服务产品化为例。2016年在IBM服务部门成立10周年的时候,IBM提出全面转型"服务产品化"。即通过改变服务的生产方式,把服务的生产过程变得像产品制造一样,将服务的内容分解,实现标准化,再和标准品结合打包交付给客户。

这样,服务能被评估,改变了装修行业里牵扯到服务无法解决的效率、成本、定价、评估和复制等问题；也能更好地提升、优化服务质量,有标准和数据可依,甚至可能根据用户的需求提供个性化、定制化的服务。

如此一来,装修服务产品化就可以对外解决用户痛点,对内提升交付效率并降低问题率。

第四阶段是品牌化家装。

标准化家装从销售属性,到服务属性,再到产品属性,最终会过渡到品牌属性；优秀的定制化家装则会从销售属性,到服务属性,最终也会过渡到品牌属性。

特征一：前端个性化,后端标准化。

在产品化家装阶段,就已实现规模化可复制的城市扩张之路,月度合同量会急剧增加,在平衡供应链的边际成本时,就可适当增加SKU,实现前端个性化。其实标准化与个性化之间互为依托,内在的模块化和部件标准化的不同组合就能实现个性化,好比搭积木,同样的部件可以拼接出不同的物件。

特征二:形成优势认知,建立品牌。

前面说了,产品化家装品质稳定,问题率低,用户满意度高,最终会在用户心智中变得与众不同,从而形成优势认知,建立真正的品牌。那时,用户选家装公司,不会再在线下看材料配置、设计师、样板间了,而是先选定品牌,再找自己喜欢的装修产品,就像买车一样简单。

再从其他角度来看品牌化家装是行业竞争的必然之路。

(1) 根据知者研究理论模型来看家装行业效率不断提升必然是用户口碑的持续向好,美誉度提升会增强用户的认知度和归属感。而认知度和归属感就是品牌在用户心理的一种价值体系的外化。

(2) 行业集中度会越来越高,竞争也会越来越激烈。**竞争的核心就是争夺用户心智,而心智战就是品牌战。**

(3) 家装互联网化成本的降低,很重要的一点就是降低企业营销成本和顾客的选择成本,只有品牌化家装能做到。

以后,用户选家装应该是这样的……

用户先根据对各家装品牌形成的优势认知进行第一层筛选。

如有的企业擅长"三房两厅",有的擅长"整装",有的擅长"现代简约",有的"传递爱",有的"奉行自然主义",还有的强调"大"……有感性认知,也有理性认知。用户根据需求或个人价值倾向筛选出要找的家装公司。

如果用户的需求与企业外化的核心优势匹配度很高,如他有一套三房两厅,觉得你是这方面的专家,就会选择你;如果他对企业的品牌价值主张高度认同,当他真正感觉就是这样的,也会因为价值认同而选择,然后再在该品牌里,综合价格、配置(材料)和风格等选择符合自己需求的装修产品。

如果用户的需求和该企业核心优势匹配度不够,或觉得企业品牌价值无法触动自己,如"第一"、"领导者"、"开创者"等,导致需求与认知匹配模糊,则会在初选的几个品牌里,再根据价格、配置和风格等选择装修产品。

模型二:供应链五力模型

针对家装行业供应链若干痛点,知者研究经过研究和总结,提炼出五种提升供应链效率的关键能力,企业只有具备了这些能力,才能真正实现对传统家装的颠覆。

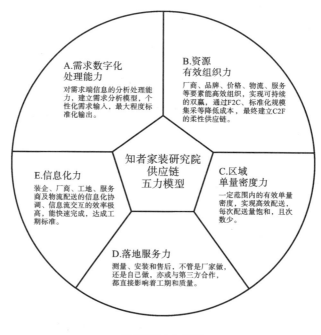

供应链五力模型

(1)需求数字化处理能力:对需求端信息的分析处理能力,建立需求分析模型,个性化需求输入,最大程度标准化输出。

在服装行业有一个柔性品质供应链,特点就是根据市场需求的变化,快速做出反应和调整。如链尚网,为碎片化订单提供服务,让前端碎片化、个性化,但后端做到集成化、标准化。家装供应链的需求数字化处理能力与此类似,将各种订单的需求拆分,集合成标准的大需求,再向厂商下单。

(2) 资源有效组织力:厂商、品牌、价格、物流、服务等要素能高效组织,实现可持续的双赢,通过 F2C、标准化规模集采等降低成本,最终建立 C2F 的柔性供应链。

有效组织就是创新吗?创新不一定就是新发明、新突破。经济学家熊彼特认为将原始的生产要素,重新排列组合为新的生产方式,这就是创新,并且可能是更重要的创新。

(3) 区域单量密度力:一定范围内的有效单量密度,实现高效配送,每次配送量饱和,且次数少。

家装供应链在物流仓储配送阶段的短板尤其明显,确实 F2C 可以降低家居产品的出厂价,但物流、损耗、仓储、换补货等成本又拉高了最终成本,包括换货、补货导致的工地延期、用户体验变差,甚至还有延期赔偿款,尤其是配送地市场每月单量还不大时。所以区域单量密度这个判断维度至关重要。

(4) 落地服务力:测量、安装和售后,不管是厂家做,还是自己做,亦或与第三方合作,都直接影响着工期和质量。

(5) 信息化力:家装企业、厂商、工地、服务商及物流配送的信息化协调、信息流交互的效率极高,能快速完成,达成工期标准。

模型三:门店经营模型

家装重服务、重体验的特性,决定了线下门店的经营好坏是家装企业成败的关键。

针对家装行业不同类型、不同规模的门店,知者研究提出了一家典型门店的经营模型。不管你是直营店,还是合伙人店,还是加盟店,都可从签单成本、交付效率、单个工地是否盈利和全年总营收,以及用户口碑五个维度加以考量。

需要特别强调的是,该模型以 100 平方米的 10 万客单价的标准化硬装套餐为主要研究对象,在对多个知名标准化家装公司的套餐跟踪研究后总结及打磨而成。

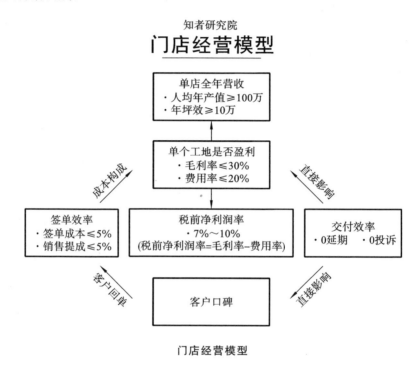

门店经营模型

(1)销售费用,签单成本≤5%,销售提成≤5%。要做到这点,一是各环节的转化率,以精准投放的线上渠道为例,报名转化率为3%～5%,上门转化率为30%～50%,订单转化率为40%～60%,合同转化率75%～90%,退单率为10%～20%;二是后面的NPS,两者相辅相承。销售一线和管理层的销售提成控制在5%内。

(2)交付效率,零延期,零投诉。以100平方米的硬装为例,45天工期内完工,最重要的是没有投诉,没有网上负面评价。这涉及施工组织能力、标准化落地服务能力、供应链整合及仓配效率,以及信息化能力。

如果同时开工1000个工地而不出问题,会牵扯到设计、施工、供应链等连接效率的问题,现在很多的延期基本都是定制品安装造成的。这也是为什么很多公司特别重视 ERP 系统的原因,期望通过系统去统一所有人的步骤,提升运营效率,将力量集中到一点上。

(3) 单个工地是否盈利,看毛利率和费用率占比。平均毛利率≤30%,费用率≤20%,毛利率减去费用率就是税前净利润率,占比 7%～10%。

费用率=(费用总额/营业收入总额)×100%,费用总额是指除材料、人工、物流成本外的支出总和,包括销售费用、人力成本、管理费用等。

(4) 单店全年营收,年人均产值≥**100 万**(含总部分摊),年坪效≥**10 万**。如果店面只是销售前端,只有客户经理、设计师等销售人员,则店面人均产值会更高。某知名家装互联网化一店面,260 平方米,员工有近 50 人,年营收 7000 万,店面年人均产值 140 万,年坪效近 27 万。

期间人均产值=期间营收总额/期间人员平均数量×100%;

期间坪效=期间营收总额/店面总面积×100%。

(5) 用户口碑,NPS(净推荐值)≥**50%**。如果用户口碑不高,则获客成本会持续升高。只有持续回单,才会降低整体获客成本。

怎么确定净推荐值?问客户一个问题:"您是否会愿意将我们推荐给您的朋友或者同事?请根据您的意愿在 0～10 分之间打分。"得分在 9～10 分之间的是推荐者,6 分以下的则是贬损者。再套用公式计算:

净推荐值(NPS)=(推荐者数/总样本数)×100%
　　　　　　－(贬损者数/总样本数)×100%

在具体的执行过程中,是通过相关岗位的绩效和 NPS 挂钩,只要和用户打交道,影响用户对产品或服务评价的岗位都要涉及。

如果这些标准都可以达到,那才是真正的家装互联网化。基本上大家都还在发展中,能达到 80% 就很好了。往往做得不错的,也就刚过 60 分的及格线。

其实,互联网装修和传统装修相比,本质区别一定是效率。首先是通过提升企业端的效率降低企业运营成本,这包括产品研发效率、获客效率、转化效率、供应链效率、交付效率、经营效率等;然后再把通过效率提升产生的利润让利给用户,让用户花更少的钱买到更好的产品。

这才是为用户创造价值,家装互联网化就是要创造这部分价值。

模型四:CDCT 可持续性发展模型

针对行业众多家装企业遇到发展瓶颈并有企业退出的情况,知者研究提出了 CDCT 模型。该模型以产品化、数字化、护城河、团队四个维度,来综合判断一家标准化家装企业的发展是否真正具有可持续性。

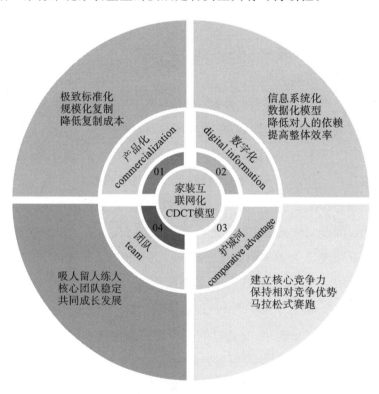

CDCT 可持续性发展模型

一是标准的产品化。

家装难以规模化快速复制的根本原因就是产品化程度低,产品化程度低是因为各项标准化不成熟且不稳定。

产品化就是把一种技术、一种服务通过标准化、规范化的流程形成一种可大规模复制生产和发布的能力，它主要体现的是一种能力的复用性和可移植性。一种技术或者一种成果一旦形成产品化，就可以真正转化为生产力，并实现规模效益，通过效率最大化实现利润和回报的最大化。

请注意标准化是产品化的基石，产品化是标准化的目的。所有的标准成熟且稳定才能形成"产品"，尤其是服务体系和运营管理体系的标准化。因为家装本质上是服务业，个性化、标准化的解决方案是基于客户真实需求的大数据积累和算法进化才逐渐成熟的，而单个城市的月开工量、城市数量差异又严重影响各项数据的稳定性和准确性，所以这个过程不是一蹴而就的，而是不断完善的，从标准化到产品化的路还很长。

二是数字化能力。

阿里巴巴CEO张勇将新零售更多解读为"帮助品牌企业实现商业数字化"。阿里巴巴的新零售实践告诉想做大的标准化家装企业：未来最核心的竞争壁垒在于数据技术。

信息化是高效的管理手段，数字化则是推进信息化的最佳方式。装修链条上的所有过程和节点数据化，做好统一、规范和标准，让装修流程数据实时、统一、在线，并能围绕线上、门店、工地的业务场景反作用到广告投放、内容宣传、设计、物流、施工及售后，这是数据业务化的核心。

在装修服务过程中，每个环节都需要不同的信息化工具，如何让投放管理、CRM、云设计、电子量房、预算报价等前端系统和材料下单、物流配送、施工管控、财物结算、售后服务等后端系统无缝对接，而不是多套系统拼接，数据在不同板块存储无法调用，且准确性存疑。

其实，大部分的家装企业的销售前端和交付后端的系统和数据是没有打通的，多是通过人去协调和调用，且数据的使用很初级。也可以说科技驱动家装行业只是完成了前端改造，而后端只是停留在个别工具的使用上，对人的解放还不是很彻底。

三是拉长板,构建"护城河",补短板。

这是为了解决核心竞争力和可持续性的问题,当标准化能力、信息化能力成为标准化家装的标配时,"耐力"就很关键。

可以依靠大规模获客、产品研发能力、供应链可复制性、交付稳定性、口碑运营、各种标准和体系输出、团队执行力等至少一个核心优势建立相对壁垒,拉长板,在其余关键点补短板,互为补充,才能走得更远。

因为家装行业未来 5~10 年由于精装房、装配式的政策因素,人工智能、区块链的技术因素和消费升级的影响,具有极大的不确定性,这是宏观环境和行业外的因素决定的,家装企业没法改变,只能适应,但最起码"活着"才有面对变革的资格。

四是攒人,包括合伙人和产业工人。

最为关键是两类人。

一是合伙人团队。包括创始人和后续加入的合伙人,专业能力、分工、战略制定和落地执行,以及大家的格局、视野和胸怀尤为重要,尤其是创始人的。

一般来说核心合伙人 4~6 人最佳,根据企业发展阶段来定:创始人负责战略、融资和找人,一人负责产品,一人负责市场运营,一人负责销售门店,一人负责供应链,再有一人负责城市拓展。而合伙人也不是一成不变的,不管合伙人还是企业上升变慢,另一方都可能出局。

二是产业工人。这是一笔需要持续投入、不断被"改造"的重要财富。工地做得好不好,目前还是人在干,系统只是更高效了,标准的执行还得靠这些工人。

小结:标准的产品化是可规模化复制的基础,数字化能力保证产品化的实施和高效运营,构建核心竞争力的"护城河"可以让企业在家装行业不确定性下走得更远,而合伙人团队是导航和灯塔,产业工人是交付稳定性的重要因素之一。四个方面彼此影响,相互作用。

PART 3

第三篇
降本增效提体验

"这届年轻人,你真的读懂了吗?"

—兜糖家居 APP 创始人　徐红虎

现在的 90 后小夫妻,平均拥有 60 双鞋,而你还在量产只能容纳 10 双鞋的鞋柜,生意怎么会好?中国独居人口超过 2.5 亿,单身经济正在成为新的机会,有谁在为这个群体设计产品?居家办公规模以每年 30% 的速度增长,越来越多的年轻人选择 SOHO 办公,又有谁在为其居家办公提供产品?我们做了几十年的家居,可能从来不知道我们的用户是谁,他们在哪里,他们在想些什么。

一、商业的本质是什么?

我曾把这个问题抛给两个人,一位是中国著名经济学家茅于轼,另一位是腾讯联合创始人吴宵光,得到的答案是"买卖"和"重构买卖关系"。

既然商业的本质都是"买卖",那为什么很多过去卖得不错的家居企业,突然就卖不动了呢?其实,问题不出在"卖",而是出在"买"。

在这个新消费时代,商品不是中心,用户才是;商品售卖不是目的,用户

第三篇　降本增效提体验

运营才是;消费购买力不是问题,是否懂消费者所需才是。

我们要做的是跳脱传统商业秩序的窠臼。如果生意不好,我们会习惯性地窥探隔壁的老张,亦或对面的小孙,如果同行生意也不好,我们就会把其归为大环境所致。我们从广州飞到米兰,又从米兰飞回东京,却飞不出我们的圈层。

跳出圈层之外,我们会发现有一群年轻的、新锐的家居创业者,他们的生意屡创新高。根本原因在于我们还活在传统商业秩序的窠臼中,缺乏对于消费市场变化的基本认知和洞察,也根本不懂消费者。

曾经一位年产值过亿的家居企业老板,为自己的沙发能用十年而沾沾自喜,却不曾想现在的年轻人坚信五年换房,"保用十年"已经不是他们的需求。这就如同一位服装店老板告诉你,他家的衣服非常结实可以穿十年,显然已经很难打动消费者。

跳脱传统商业秩序的窠臼

现在的90后小夫妻,平均拥有60双鞋,而你还在量产只能容纳10双鞋的鞋柜,生意怎么会好?中国独居人口超过2.5亿,单身经济正在成为新的机会,有谁在为这个群体设计产品?居家办公规模以每年30%的速度增长,越来越多的年轻人选择SOHO办公,又有谁在为其居家办公提供产品?我们做了几十年的家居,可能从来不知道我们的用户是谁,他们在哪里,他们在想些什么。

一个消费需求正在被无限细分,进而形成了标签化、细分化的人群,对于个性化、定制化商品的全新需求,是当下家居业市场最为核心的逻辑特征。这种消费细分、消费分级的现象在汽车、快消品等行业早已盛行。比如,买宝马的和买奔驰的不是同一类人,买悍马和买特斯拉的也不是同一人群。所以,关键还是要读懂消费者。

二、这届年轻人,你真的懂吗?

随着85后、90后成为了消费主力军,年轻消费力已然崛起。与此同时,这届年轻人的消费决策路径也发生了改变。

85前的消费者,家居消费遵循线下决策链路,即把钱交给开发商后就开始逛卖场、找风格,因为只有卖场可以满足他们对家的想象。锁定风格后就全城比价,比完价后购买。

而85后的消费决策路径变成了线上决策,线下交易,即把钱交给开发商之后,不再是第一时间逛卖场,而是先打开手机,搜家居场景图,作出风格筛选和判断后再搜索品牌、查口碑。

这跟当代年轻人吃饭、买车如出一辙。吃饭,先上大众点评选餐厅,买车先到汽车之家查口碑。总而言之,就是先在线上做基础决策,然后再到线下购买。

因为决策路径的改变,美食和汽车行业中的两类工种也随之发了变化。

第三篇 降本增效提体验

一是在饭店门口揽客的服务员揽不动了,因为大家已经在线上完成了决策。二是4S店的导购导不动了,因为消费者在进店之前已经选好品牌和车型。对消费者来说,到了线下,他更关心的是能不能打折、送不送保险等优惠。

对于85后消费群体而言,如果网上查不到,他们会觉得这个品牌不存在,这就是流量被截流的重要原因之一。作为家居消费决策影响力平台,截至2020年,一兜糖家居APP已经累积3000万准装修用户,他们在这里找灵感,学知识,查口碑,做决策。我们在用新的方式与这届年轻人对话。

过去十年,我一直在思考一个问题:什么是理性、有效、可持续的商业模式?最后发现,它一定要满足两个条件:一是提高用户消费决策的效率;二是降低商家获客的成本。

就家居行业而言,提高效率就是提高用户消费决策的效率。在家居这事上,我们应该重视用户教育。当下,我们可以在一分钟之内找到周边的日本菜,因为有大众点评;我们可以一分钟之内找到周边的五星酒店,因为有携程。但是在一分钟之内,我们很难找到一款心仪的红色皮质沙发。如果逛完所有的卖场门店,我们最少需要花费10天时间。

所以,我们要做的是帮助用户提高寻找线下商品与消费决策的效率。这个时候,口碑释放的价值是巨大的。通过大数据及平台累积的用户口碑,为消费者输出客观、真实的品牌榜,是提升用户消费决策效率最直接的方式之一。

目前一兜糖家居已经服务超过2000家家居品牌,核心是通过帮助企业实现门店线上化、口碑线上化及获客线上化。我把这个过程称为"犁地""种草"和"收割"。

"犁地"就是要实现门店和商品的线上化,提高用户寻找线下商品的效率,这是基本条件。但目前来看,家居人都特别着急,一心想"割草",没人想"种草",很多家居企业连"种草"的资格都没有。

"种草"是最关键的。有人认为所谓的"种草",就是找KOL(关键意见领袖)发文。但其实家居企业"种草"要种三棵,分别是"触动草""心动草"和"行动草"。

"触动草"要让KOL来种,让KOL给品牌定调。例如很多人买特斯拉不是因为车特别好,而是因为它背后的标签是互联网。品牌背后的人群是谁?这需要KOL来定调,做好品牌的人群标签。

第一棵"触动草"种好后,用户不会马上购买,他们还要看产品测评,因为用户是理性决策的。因此第二棵"心动草"要让测评师来种,目的是挖掘产品的价值。例如把特斯拉和宝马进行横向对比,用非常理性的思维分析,产生购买逻辑。

第三棵是"行动草",要由老客户来种,目的是增强购买信心。比如很多妈妈的痛点是孩子不爱学习,如果一套设计产品能让孩子爱上读书,这个时候父母一下就会被触动,因为核心需求点被打动了,但他们不会马上购买。进入第二个阶段,父母会理性地看一看这些产品的环保性及舒适度,最后他们还会查找老用户评价来消除疑虑。这就是消费决策路径。

在种完以上"三棵草"之后,下一步才是"割草",因为只有在用户看完各种种草内容、产生购买意向之后,才有可能实现"收割"。所以,做好了关于用户消费决策路径的三棵草,后面才有割草的逻辑。

新消费时代,我们坚信口碑与种草的力量。在产业互联网的背景下,细分产业与移动互联网的深度融合将创造出新的价值。用户内容与真实口碑的结合,将为处于变革时代的家居企业带来新的转型契机。

不断向客户利益靠拢,不断为客户创造价值——新形势下家装企业的生存发展之道

上海星杰装饰集团董事长 杨渊

回首前些年野蛮生长的家装行业,业内缺少敬畏之心,太傲慢、太自我,漠视消费者利益的企业不在少数。现在市场的变化以及疫情的影响恰恰给我们家装企业上了深刻的一课,同时也是一次自我审视、自我反省的机会。

从1994年国务院颁发商品房管理条例至今,中国家装行业走过了26年的发展历程,如今已经迎来了拐点。国民经济从增量经济转向存量经济,经济下行的压力越来越大,整个家装行业的经营数据也随之走低,大部分家装企业的业务增长缓慢,甚至下滑。

在此背景下,高端家装行业的客户需求也在不断提升和变化,深受数字化生活方式洗礼的80后和90后成为新的消费主力。与此同时,房产商、家具卖场、建材商等众多来自不同维度的新竞争者,都在试图进入这一领域,争夺高端入口。2020年的疫情更是进一步倒逼传统家装企业深度"触网","重线上、轻线下"的新格局日渐凸显。

面对复杂而严峻的形势,家装企业要想生存下来,能走的道路唯有一条,就是"以客户为中心",不断地真正为客户创造价值,使客户的利益最

大化。

1."以客户为中心"不能停留在理论层面

中国家装企业原先主要是靠机遇,赶上了改革开放带来的行业高增长,然后客户量大,好的装修公司又少,所以很容易就能签单。这也导致了整个行业很浮躁,许多家装企业只为签单,对交付环节应付了事,不顾客户利益。

现在环境变了,原先的经营方法也失灵了。比如说疫情之后,客户到店后的决策行为越来越快。有些以前成交能力强的家装企业,如果在客户口碑建设上做得不够好,就无法再获得好成绩。

透过现象看本质。商业本质是"以客户为中心",违背了就永远是事倍功半。今后家装企业做不好服务,无法为客户创造价值,那客户就会远离你。

所以,向"以客户为中心"转型,向价值创造型企业转型已成为当下行业共识。但整个家装行业从思想观念到落实执行,真正能做好为客户服务的企业并不多。也正因为这样,家装行业依然和通信、物业、汽车、电子等并列为客诉率较高的行业。

时代变了,但最大的风险不在于变化本身,而在于仍然沿用以前的逻辑办事。比如80后和90后客户中的许多人有丰富的留学及海外旅居经历,不仅知识结构和阅历不低于设计师,对专业的理解也达到相同高度,而且对国外流行文化与生活方式的熟悉程度还高于家装从业者。

他们很擅长上网搜集装修信息,习惯直奔主题,做选择更果断,往往只给家装企业一次机会。然而,不少从业者懒于了解客户,还在沿用接洽60后和70后客户的方式与现在这批消费主力打交道。

包括星杰在内,目前许多家装企业的管理层依旧更关注订单和成交等具体事务,这导致企业为客户服务时,在执行标准、服务意识、职业素养和解决速度等方面不够用心。

当家装企业不去持续地了解和关心客户,那这个团队就会变得傲慢、偏

第三篇　降本增效提体验

执。每当企业推出一些改革举措,内部必定有人不愿面对客户反馈,害怕影响自己的业绩,导致阻力重重,甚至有不少阻力来自企业高层。于是,"以客户为中心"往往推行不到位,每一次转型的尝试都成了一阵风似的运动。

2. 坚定直面问题的决心,将转型落实到底

家装企业需要扪心自问,我们究竟离我们的客户有多远?事实上,我们永远不能忘记客户,我们在他们面前永远要保持谦卑与敬畏。

改革遇到阻力是正常的,我们企业要有直面问题的觉悟。尤其我们这个行业本质上属于服务业范畴,我们没有任何理由做不好服务。

就拿那些家装行业经过多年发展却始终未能解决的问题来说,比如工期有保障,如期甚至提前完成装修;装修费用不会增加,和当初约定的一样;装修全过程中,有专人自始至终为客户负责任,客户有任何问题都可以找他解决。客户盼着我们实现这些目标已经盼了许多年,我们不能再让他们苦等下去。

这个时代已经走向了"真实时代",有缺点是不可怕的,有问题也是不可怕的,最重要的是企业要真实。在客户面前,真的假不了,假的真不了。家装从业者不要试图逃避或掩盖问题,而是要真实地把自己和公司呈现在客户面前。

我们越早面对自身问题,就能越早面对客户的真实需求,从而越早把服务做好,这才是真正重要的。正所谓"惶者生存",我们只有始终保持危机感,才能提高客户满意度,才能从这个竞争日益激烈的行业中生存下来。

3. 服务第一,业绩第二,利他才是真正的利己

对家装企业而言,为客户服务的过程比业绩更重要。有的管理人员总是对业绩关心太多,替客户想得太少,为客户解决问题不够周到。因为他们没有真正把关注焦点放在客户需求上,没有真正站在客户的角度考虑问题,他们不够爱客户和这个行业,所以看不到家装行业那些本质的痛点。

要想让客户感受到你的用心,就要关注客户的长期利益,不能仅仅关心签单,更要有后续的优质服务,和客户建立密切的联系。重"结果"、轻"过程"的实质就是轻视客户服务,这正是家装企业的服务时常让客户不满意,或者说业务压力巨大的症结所在。

如果你的眼睛只盯着客户的预算和口袋,客户的眼睛也是雪亮的,他们能迅速发现你的员工是否真心实意为他们服务。在这种情况下,你纵有千种专业说辞,也打动不了客户。因为你在起心动念的阶段就已经错了,错在从私欲出发。

客户想要一个懂他们、了解他们,能给予他们专业服务的人。所以有时不妨换位思考,如果我们是消费者,会不会选择自己?我们应该经常审视自己传递的服务是否是客户所需要的,是否真的替客户解决问题了。然后我们在这个基础上去思考,怎样把工作做得更好一些、为客户多考虑一些、多做一些。

虽然在这个过程中,我们企业的效益有时会受到一定程度的影响,但这是值得的。因为"利他才是真正的利己",一个家装企业只有向着价格更优、质量更高、效率更高的方向,把工作做得更深入,给予客户更多利益,客户才更有可能选择它,否则将必然被边缘化。

提高客户满意度是没有捷径可走的。我们一定要把客户关心的事当作我们操心的事情,而且用团队运营去持续解决。这是价值准则,人人有责。届时,业务压力自然迎刃而解。

4. 知行合一,真正为客户创造价值

商业本质就是虔诚地为客户服务,所以家装业务的核心在于我们能够为客户带来什么价值。客户要的是实实在在的内容,我们需要思考自己每天究竟做了多少有效的客户服务。

如果我们只有向"以客户为中心"转型的心而缺乏实际行动,那也无法转型成功。家装行业的从业者们必须实现意识与动作的统一,做到知行合一,才能与客户的心建立链接。

第三篇　降本增效提体验

要做到这一点，家装企业必须从原来的"找客户"和"销售客户"，转变为"服务客户"。我们只有在具体的服务过程中，才能透彻地了解客户需求。尤其是正在施工过程中的客户，他们在方案、工地、产品上还有许多需求，我们要力求更深入地解决实际问题。

例如，由于家装行业的供应链在整合关系上有很大的离散性，导致我们和厂家、经销商、装修公司、消费者相互之间都因为不透明产生对接不顺畅的情况。这些年我们整个行业都在做这方面的建设，但一直未能走到真正的发展节点上。

随着行业这几年的整体发展，信息技术的变革给我们带来新的机遇。当下大家讨论较多的就是全案、整装，通过一站式的服务为客户解决问题；通过行业设计师有特点的专业能力，把这些资源结合起来；再通过信息技术工具，把这个链条完整地透明化，这就是为客户创造价值。

因此，部分家装行业的头部企业已完成了全案能力的建设，正在深入研究如何使之发挥更大的效率，并且还在推进数字化转型。这也为整个行业指明了方向，即在价值理念向客户靠拢的同时，必须花大力气建设面向未来的能力。

5. 让我们的企业对客户有贡献，对员工有意义

家装企业要让自己的每一个销售人员、店面管理人员、商务人员，包括设计师、现场的工程管理人员，都在内部达成共识，把一个人的奋斗变成一个组织的奋斗，把服务客户当作一项集体事业。

在具体的执行层面，家装企业要通过建章建制、规则体系、价值理念，以及整个管理体系和基础设施的建设，引导员工把焦点放到服务客户上，让他们通过做好客户服务得到表彰，获得晋升，提高收入，改善生活。

这样一来，从业者就会为做好客户服务而心生自豪感，这将促使他们不断深化工作，自驱地提升服务能力，进而为客户创造更大的价值。而企业自身也会因此得到升华，成为一家真正对客户有贡献，对员工有意义的企业。

回首前些年野蛮生长的家装行业，业内缺少敬畏之心，太傲慢、太自我，漠视消费者利益的企业不在少数。现在市场的变化以及疫情的影响恰恰给我们家装企业上了深刻的一课，同时也是一次自我审视、自我反省的机会。

让我们肩负起社会责任，发自内心地关心客户，为他们找到一条真正提升服务质量的路径。归根结底，唯有始终坚持以客户需求为导向，企业才有可能适应市场变化，持续健康发展。

家装公司如何践行客户价值导向的产品逻辑

U家工场创始人　李帅

如果我们能利用自己的专业知识，从更多维度分辨产品，去除品牌附加力，让每一分成本都直接花在产品上，而不是依托材料品牌商给我们贴金，那么客户将获得更有价值的产品。

引　言

2015年，在服务必须升级的大背景下，我亲历糟糕装修体验，在最懂生活的成都，创办了U家工场。源于对产品研发的精细打磨，对高颜值作品的疯狂追求，对服务体验的极致苛刻，同时结合互联网的高效与透明，5年来，U家工场成为了成都本土最"别具一格"的全案美学整装服务公司。

一、阿里程序员升职前夕，跨界家装，从0开始，5年服务5000户家庭

2013年冬天，我从阿里离职，结束和女朋友5年的爱情长跑，正式进入

人生另一个阶段。

提前6个月启动婚房装修计划,找设计、挑施工、选主材、等安装,整个过程苦不堪言,原计划3个月工期耗时5个月,实际花费比预算多一倍,而装修落地效果几乎和方案效果毫不相干。

我在思考,**为什么家装不可以像互联网构建产品一样,充满逻辑性和确定性,同时用户可以获得确定的结果和确定的价格**。而不是充满未知、陌生消费、低价营销,糊里糊涂把装修交代了,换一个二三十年都不满意的家。

基于这个初衷,我从互联网跨界装修,从0开始,于2015年正式成立U家工场,并开始了长达5年的家装探索。

二、年轻人会对什么样的产品感兴趣?

与来者皆是客不同,我一开始就确定只服务年轻人。因为资源是有限的,没有一套明确的产品体系,是可以让所有人满意的,只有投入细分领域,**不贪大求全,做精而美的产品,才能真正精细化服务好这部分年轻人。**

那年轻人对什么样的产品感兴趣?**颜值高**,要有社交属性;**品质佳**,注重及时行乐;**体验好**,不只是省心,甩手是最理想的状态。

所以在U家工场成立之初,就明确只专注80后和90后消费群体,做符合年轻人审美和生活方式的北欧、现代、轻美三个风格,用确定的999元/m²硬装套餐,去服务需求颜值高、品质佳、体验好的年轻群体。

这样的产品逻辑,也是我一直提倡的**"客户价值导向产品逻辑"**,直到现在我们已经服务5000多名成都年轻用户。

三、用自己的专业,去为用户提供有价值的服务和产品

完成定位,只是第一步。如何完善产品,提供真正对客户有价值的产品

第三篇　降本增效提体验

才是至关重要的下一步。

1. 什么样的产品对客户有价值？

回答这个问题，首先得真正回归客户价值思维去思考。什么叫回归客户价值思维，举个例子，**当客户问环保问题的时候，是在问板材是否环保吗？不是，客户想要的是室内空气达标。**

而我们唯一能够向客户承诺的，只有板材环保。但我们都清楚，空气环保才是客户想要的。解决问题的角度就得从"板材环保"，转移到"如何保证室内甲醛的释放量不超标"，因此，我也正在对接全铝定制，当然目前还不成熟，但有可行性。一旦柜体铝制成功，仍旧可以采用颗粒板、PET、模压门等美观度高的柜门。因为柜门的用量少，所以不是影响室内空气达标与否的决定性因素。

这其实就是我认为的客户价值导向的产品逻辑，全铝定制对关注环保问题的客户，就极有可能是非常有价值的产品。

在装修过程中，客户要大牌。因为客户不懂装修涉及的产品复杂性，需要依靠品牌过滤劣质产品和服务。在没想明白这个底层逻辑之前，我也一度陷入盲目拼凑品牌的误区。

这对年轻客户来说，是极度不友好的，一是**性能过剩**，二是**产品价格降不下来**。

如果我们能利用自己的专业知识，从更多维度分辨产品，去除品牌附加力，让每一分成本都直接花在产品上，而不是依托材料品牌商给我们贴金，那么客户将获得更有价值的产品。这同样在木门、柜体等定制产品中也适用。

2015年，我刚开始接触定制时，走访了很多同行，发现定制家具花色、板材都差不多，少有特别出彩的。能出彩的基本上都是大牌，比如当时我个人很喜欢的博洛尼（Boloni），板材、花色都非常优秀，但价格却是大部分年轻人消费不起的。

2. 像定制这样的产品,我们应该如何去除产品附加力呢?

第一步找定制工厂。去挑选生产、加工能力都足够强的中大型工厂,不能规模太大或太小。太大规模的工厂,有现成的渠道,完善的产品体系,合作的机会不大,且没有话语权;太小规模的工厂生产能力弱,产量达不到;中大型的工厂,生产能力过关,不排斥创新,并且有创新的动力,可以一起去尝试新玩法。

幸运的是,在走访几十家板材压帖加工厂后,我在机场附近找到一家成都本土刚成立不久,同时投入又非常大的加工厂,并且花色也非常不错,制作相对成熟,工艺也相对标准。

第二步是严格把控材料。定制生产算是非常成熟的生产,工厂与工厂之间的生产工艺不会有太大差异,唯一的区别在于材料本身,只要我们严格把控材料,进口、国产都选优质材料,**把更多的钱放在材料本身**,造出来的产品就不会有太大问题。

按照这个逻辑做出来的产品,虽然知名度不高,但单论产品本身是不比大品牌的产品差的。甚至有创意想法的时候,还能生产许多大品牌没法生产的小众高颜值产品。**这样我们就可以在第一时间把最好的产品,呈现在我们的消费者面前,同时也是消费者买得起的。**

整个流程下来,其实除了生产没动,我们几乎把控了所有,从前期自有定制设计团队设计,到有底薪、有社保的自有安装团队安装,再到有仓库储存、自有拆单,全都参与进去了。

除此之外,我们还尝试衣柜、木门、踢脚线、木地板等六个品种使用同色同材的试验,并且在2018年做成了U家工场特色服务之一。

四、从客户角度去思考旧房改造市场和精装房市场

从邀约到店到直接去客户家,从标准化流程到非标施工管理等,精装房

业务和老房局部改造,不能套用硬装的装修方式。但旧房改造市场和精装房市场怎么切入呢?我是这样想的。

1. 解决时间问题,就能释放旧房改造市场

存量房市场用户分两种,第一种是买二手房的业主,要么租房子住,要么自己有房子。这类客户,无论是拆了重装还是局部改造,都对时间不太敏感。

第二种自住客户就不一样了,尤其是自住 10~15 年的客户,大多已不符合目前居住条件,外观逐渐破旧,厨房、卫生间等功能区逐渐老化不好用,整体来说局部改造需求非常普遍。想要重新装,除了资金上的投入以外,更大的问题是,客户觉得改造非常麻烦,比如改厕所,很可能需要 1 个月,而 1 个月不上厕所,基本不可能。所以这部分自住房用户基本都在抑制自己的需求,能忍则忍。一旦有改造产品,能够做到**对生活的影响只有三天,这部分巨大市场的自住客户就能被释放出来**。

而目前 U 家工场的兄弟品牌——大改造家正在研究极速改造的产品,尽量压缩改造时间,降低对客户生活的影响。另外一个方向是我正在研究的"装配"极速改造,相信这也能很快释放改造市场。

2. 把精装房改造当成增值业务,引流精装房整配

目前市面上很多精装房都不是装标很高的房子,装修一般,甚至不好,业主拿到房子后基本都是要改的,而这种精装房一般改造量非常小,均单值 1~2 万元,家装公司纯接改造基本是亏本的。

我认为这部分精装房正是开发商留给软硬一体化公司的空间,将精装房改造做成引流精装房整配的增值业务,然后再引导精装房整体规划,这里包括生活方式研究、资金规划、产品、施工、交付等一体服务,这样精装房改造对有硬装业务的软硬一体化公司来说,反而是个加分项。

五、家装公司如何正向积累口碑

很多人都会说家装行业竞争激烈,越来越不好做,但我觉得这句话说早了,虽然家装行业竞争激烈,但并不充分。因为一个充分竞争的行业,最终走向一定是非常细致的,而不是像现在这样,仍然有许多行业问题待解决。而且我相信,未来还会有更多跨界大佬进入,所以身处家装行业,不变则退。

都知道家装公司的核心是口碑,那我们应该如何正向积累口碑呢?我觉得肯定不能靠低价营销,不仅不能积累口碑,还影响整个行业的氛围。

一是培养全面、细分人才。硬装公司、软装公司、软装一体化公司对销售、设计师等各个岗位的能力需求完全不一样,混用能力模型,客户只会觉得你不专业,产生信任危机。

二是从客户立场解决问题。家装是复杂的行业,没办法完全标准化、一体化,出现客户投诉问题再所难免,所以解决问题的态度和及时性就变得非常重要。要求员工站在客户角度思考,"如果这是你的房子,你会怎样?",培养员工站在客户立场解决问题的能力,提升客户体验。

三是 NPS 追踪优化服务体验。建立售前、售中、售后等评价管理体系,建立优胜劣汰的标准和依据,通过将相关岗位的绩效和 NPS 挂钩,项目经理、交付经理,只要和用户打交道,影响产品或服务评价的岗位都要能被制约到。

四是利用大众点评等公众平台沉淀口碑。用客户的真实评价去影响和驱动更多的用户,从而实现正向口碑的积累。

跨界家装 5 年,希望能借助互联网的思维方式和运作效率去改变整个大家居行业糟糕的消费体验,让更多的人消费得起更好的家居产品。

家装行业如何高质低价？"好的装修，其实不贵"战略的三大抓手和四个实施策略

积木家董事长　尚海洋

要实现"不贵的价格"一定是靠在整个产业链中去实现成本和效率优化，把装修行业50%左右的损耗环节找出来，把省下的钱还给用户！

本文是我对积木家在近十年全国100多城市终端门店运营上的一些思考。

一、积木家所有战略围绕八个字展开：好的装修，其实不贵

好的装修花钱就能买到，但积木家希望做大多数年轻人买得起的好装修！这是积木家从宜家学习到的一个非常重要的商业理念，也是我们这个团队创业十年来一直坚持的一个信念。

积木家的前身——我要装修网，2009年从建材团购起家，通过团购的形式帮业主用更低的价格买更好的建材产品，我们当时就提出一个要求"让

业主便宜、方便、放心地买材料",团购现场用户只用交一百元订金即可预定活动优惠,同时享受"三个月不满意随时退订,买贵十倍返差价"的权益保障,通过这种模式仅三年我要装修网分站就覆盖了80多个城市,积累了7000多供应商,每年的交易规模高达20亿,最终实现新三板挂牌。

但在2014年我们发现只解决用户购买材料的需求远远不够,业主要住进去还得自己去整合设计和施工,既不方便也很容易被坑钱且消耗精力,所以我们就把材料和设计施工整合在一起,重新做了一家公司,就是现在的"积木家",2017年我们又推出了一个子品牌"三步成家"把家具软装也整合进来,我们发现每整合一次,难度就增加一倍,但用户的购买成本和装修体验就能提升一倍!

我们最后总结出一个重要的方法论,就是以用户为中心做事情的大方向一定错不了,我们希望自己能成为一个用户驱动型的公司,这十年的发展史其实就是一部以用户为中心的产品进化史。

积木家产品进化史——一部以用户为中心的产品进化史

二、"好的装修,其实不贵"战略的三大抓手——"好"产品＋"低"价格＋能挣钱

1. 什么是好的装修产品?

好的装修产品的三个核心要素:看起来酷,用起来爽,算起来值。这个和电商行业的"多快好省"是一个逻辑,都是用户的基本需求,没有一个用户会说我要效果好看,不在意住进去是否舒服,更没有人不在意装修结果和花费之间的性价比,所以这三者一定是判断装修产品的好与坏的综合标准。

如何做到"看起来酷",也就是效果好看? 积木家有四套设计系统,分别从配色、风格、材质、造型四个维度做一对一的分析评估与适配,既能保证满足用户的个性化需求,也能保证整个家里的硬装到软装甚至一个垃圾桶都是做过有效搭配管理,保证装修效果输出的协调统一。

如何做到"用起来爽",也就是功能强大? 日本对人性居住研究颇有建树,为此积木家专门在日本成立产品研发中心,打造了从门厅、客厅到阳台等全屋 10 大空间里的 75＋项的人性化功能,满足全家每位成员 10 年内的生活需求。

如何做到"算起来值",让多数人都能买得起? 积木家希望做到更高品质,但一半价格! 目前装修的价格体系只有两种——低质低价或高质高价。我们认为这两种体系都不创造用户价值,只有做到高质平价,甚至高质低价才是真正的用户价值,比如把 20 万的装修品质,做到 10 万以内的价格,这才是中国多数的装修业主都能承担得起的。

积木家对好的装修产品的定义

2. 不贵的价格是靠烧钱补贴或者低质低价吗?

积木家认为要实现"不贵的价格"一定是靠在整个产业链中去实现成本和效率优化,把装修行业50%左右的损耗环节找出来,把省下的钱还给用户!

我们团队信奉"站在未来看现在",我们希望能做一件现在可能很辛苦,但未来十年后很厉害的事情,我们坚信良性且长久的商业模式一定是能解决社会问题的模式。

装修行业最大的问题是什么? 就是装修的毛利很高但损耗也很大,钱都花在了经营和营销上,业主很亏,十万多元的装修费用真正用到装修部分的只有5~6万,装修公司也没有赚到钱,高毛利、低净利是这个行业的最大特点,所以我们提出了一个目标——让用户为结果付费,不为过程买单,装修公司靠低毛利、高效率去挣钱。

用户交给我们的钱分成两部分,一个是产品成本,一个是经营成本。产品成本就是用户可以用到自己家里的设计、材料、施工等装修花费,而经营成本就是指我们的营销、获客、房租、人员、管理运营等和用户价值无关的花费,在积木家有一句话叫"在不创造用户价值的环节极度节俭"。比如积木家的标准门店,面积都控制在150~300 m^2,团队成员控制在8~10人,可是平均年营收均可达到1000多万,能做到这点是因为积木家以一种新型的组织形态来实现全国门店运营——"大后端,小前端"。在积木家总部有300人的专业赋能团队,把很多职能通过共享的方式开放给全国门店,既不丧失专业能力,又保证前端门店的人效和坪效控制在标准范围内,最大程度上控制经营成本。

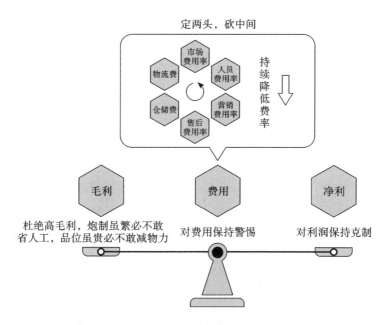

积木家成本结构——"定两头,砍中间"通过低毛利、高效率去挣钱

3. 好产品＋低价格如何赚钱?

利润是一个企业发展的基础,积木家希望通过更低的毛利和更高的效率去挣钱,先优化效率,然后把省下的钱一部分作为利润,一部分通过有优势的价格还给用户。

积木家认为装修行业一定要围绕"效率"和"成本结构"做创新,所谓的互联网也应该是指向产业互联网而非消费互联网,只有深入产业链中的每一个环节才可以提高效率、优化成本。我们内部特别推崇服装行业的自有品牌专业零售商经营模式(specialty retailer of private label apparel),简称

SPA模式,比如优衣库,他们就是从产品的研发开始,然后到生产、仓储、物流、零售等全流程去做产品的质量控制和成本控制,但传统装修的本质只是流通和中介,而没有去优化任何一个环节的体验和效率。711连锁便利店就是把所有的夫妻店整合起来,只用原来门店的地址,但里面卖的货和流程全变了,产品更好,效率更高!其实积木家想做的事情就是把优衣库和711连锁便利店的逻辑在装修行业复制一遍,为此我们专门定了四个策略。

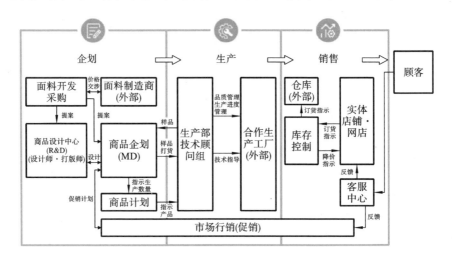

优衣库的SPA模式

策略一:用四级规模倒逼效率最大化

我们认为"没有规模的效率没有意义,没有效率的规模等于慢性自杀",但在积木家所谓的规模并不是指全国有多少门店,而是要形成四级规模优势——全国规模、同省规模、同城规模、小区规模。

全国的规模只能影响采购成本和赋能成本,只有同省的规模才能影响仓储成本和物流成本,而一个城市的规模会让服务成本和品牌传播成本最小化,小区的规模会让交付成本和服务成本最小化。

有一次去日本考察,发现一条100米的街上停了10辆非常小的冷链配送车,原来他们是为了能在5分钟之内把便利店所需要的商品及时上架,但

第三篇　降本增效提体验

如果没有区域内的门店规模做支撑,这个效率是实现不了的,这就是一种类似蜂巢的逻辑,只有区域内足够多的门店布局,才能用规模换来效率,以便节省下冗余环节中的成本。

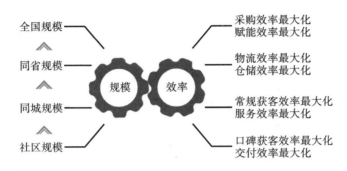

积木家四级规模体系

策略二:用 S2B2C 的逻辑实现门店运营成本最小化

在门店的经营方面坚持"夫妻店的效率,711 的规模",全世界最高效的商业模式一定是夫妻店,但夫妻店既做不大,也不专业。以 S2B2C 的模式即"赋能端＋门店端"去服务 C 端用户,这样既能获得 B 端门店最高的运营效率又能共享 S 端的赋能能力,通过赋能端压缩不创造用户价值的隐性成本,总部负责标准研发,全面提升效率,降低门店运营成本,比如获客、转化、签约等环节都有相应的标准流程,通过后端的赋能人员职能共享,最终实现前端运营人员成本最小化。

策略三:用全流程标准化实现快速复制

餐饮行业能快速复制而装修行业为什么不行呢?因为餐饮行业从餐桌到厨房的距离只有 50 米,在这 50 米之内服务员的动作及话语很好规范。标准化首先是场景标准化,其次是工具标准化,但我们往往特别喜欢把人做标准化。我们把装修的全流程装进五个场景界面中——品牌界面、咨客界面、销售界面、设计界面、交付界面。比如我们做销售界面的标准化,就是在 300 平方米的展厅里把 400 多个产品的产品价值呈现出来,而积木家的销售人员只要花 30 分钟时间给用户去演示或者引导用户自己去门店体验。

增长思维：中国家装家居经典商业评论

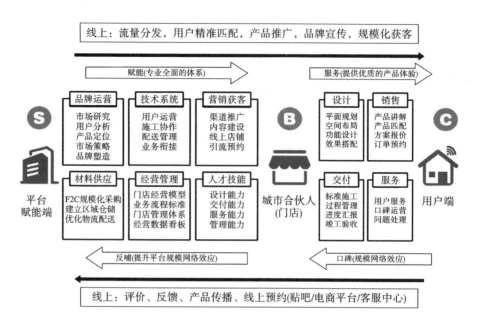

积木家 S2B2C 模式

通过实际场景测试，我们发现两小时之内即可培养出一个可以达到 60 分及格水平的客户经理，积木家门店的每个角色都有标准化的流程和工具，所以用很少的人和面积就可实现用户的全体系服务。

策略四：用数据化来倒逼费用控制能力

积木家有一项非常重要的能力——能算清楚"账"，为什么这么说呢？

家装行业是现金流非常大的一个行业，众多的企业倒闭或者亏损大多是因为算不清楚账。在积木家，每年、每周、每月的账目都清晰可见。每天早上 8 点，门店的经营机器人会把门店的业务数据和经营数据推送给各个门店负责人的经营驾驶舱里，每个人的业务转化效率、经营费用、经营利润全部实时可见。一个门店多达 50 项数据，只要任何一项数据不达标，系统就警示直至优化到正常指标。数据可视化保证效率最大化，避免粗放经营所产生的高毛利、高损耗的恶性循环，把省下的钱通过有优势的价格还给用户，实现良性循环。

第三篇　降本增效提体验

经营报表推送
周、月、年度报表清晰可见

经营业务分析
覆盖经营业务环节50+项分析

标准服务流程
流程可视化，效率最大化

积木家的数据驾驶舱

以上既是积木家这几年的核心经营战略，也是积木家能够顺利崛起、逆势成长的关键因素。

161

花 11 年做了一把椅子,卖了 5000 万件,爆发的真相居然是颗螺丝钉

混沌学园创新领教、分享投资创始合伙人　崔欣欣

组合创新的精髓就是这 6 个字:旧要素、新组合。

一、一把椅子的故事

今天我跟大家讲一个有关椅子的创新故事,这是家居行业非常经典的案例。同时我们也要明白一个道理,创新的第一步是对变化的应对。

1912 年,家具公司索耐特达到了企业的巅峰时期——一年产销 200 万件椅子,其中标志性产品 14 号椅子累计销售量超过 5000 万件,开创了一个新的工业化家具时代。

这样规模的家具企业放在今天也不是太多,为什么呢?200 年前的索耐特做对了什么,是怎样解锁那个时代 10 倍速的红利的?带着这样的问题我们向这个经典的、伟大的企业学习。

第三篇　降本增效提体验

二、索耐特的创新

在 200 年前的欧洲，椅子是一种身份的象征。大家可以回想一下，我们现在经常说的董事会主席中的"主席"英文是 chairman，有资格坐椅子的人才叫 chairman。那个时候只有在宫廷、贵族的家里，才能有椅子，普通人是没有椅子的，普通人买不起椅子，就算买得起家里也放不下。

但是索耐特出现以后，那个时代名人的照片里面我们看到了这样的椅子，这些人是谁呢？爱因斯坦、毕加索、建筑大师柯布西耶，在他们的照片里面，身边的椅子全都是索耐特公司生产的产品。

在那个时代大量的艺术作品当中，索耐特椅子的出镜率非常高，如卓别林的电影、法国的油画，甚至在音乐家斯特劳斯指挥乐团的场景画面中，我们都能看到索耐特椅子的身影。**用今天的话来讲，这就是一个爆款产品，这个品牌就是一个典型的网红产品。**

这个"网红产品"的创始人是**麦克·索耐特**，1796 年在德国出生的木匠，从小跟随木匠当学徒，23 岁学成出师，开了自己的作坊，开始销售当时流行的宫廷式椅子。同时他还有一个兴趣爱好，一门心思研究木材弯曲的工艺。

这个时候索耐特是一个有着发明家梦想的木匠，还不算是一个企业家。一直到 1842 年，索耐特已经 46 岁了，他偶然来到奥地利维也纳，遇到了一个宫殿的改建工程，他用他独特的技术给这个宫殿做了一批椅子。

这把椅子叫列支敦士登椅，以这个宫殿的名称命名。这批产品的技术虽然很有创意，但并不是很成功，因为它的质量并不是太好，长时间以后，木材容易开裂。

1848 年，索耐特带着他的五个儿子下定决心在奥地利继续创业，在奥地利注册了索耐特兄弟公司,推出了第一把以公司名称作为品牌的1号椅子。

这个时候椅子凳脚已经从过去的实木雕刻变成了细的实木的形式,靠背的部分保留了一片重叠的曲木做装饰。

两年之后,产品迭代到4号椅子,终于得到一个咖啡馆老板的认可,开始获得批量订单,真正得到爆发式增长是在1859年,推出14号椅子。

从传统的椅子到14号椅子,发生了什么变化呢?

简洁,14号椅子非常简洁。伟大的乔布斯的创新哲学就是简洁,简洁是一个理念,但是距离转化成可以操作的业务实践,可能中间有着5000万把椅子的距离,我们没有办法一下子把简洁用到创新实践里面去。

所以,我们还要再看一下这几把椅子到底发生了什么变化。材料的种类更少,对材料要求也更低了,原来雕刻要用很粗的木头,如今用细木头就可以了。造型的工艺也发生了创新,部件变得更少了。

这样的特性的变化给企业带来了什么?带来了成本更低、供应链管理更简单、生产易于规模化、末端装配更简单的优势。

这样的一些优势最终能给客户带来什么好处呢?我们看到的是成本降低,意味着产品更便宜,过去客户买不起椅子,现在能买得起;椅子本身更轻便了,原来买得起但是放不下,现在新的椅子可以在小的空间里面放下;批量生产质量更稳定可靠,组装也简单了,意味着装配的工序可以不用木匠,交付更容易。

通过这样的推演,我们是不是对简洁两个字更有启发?从产品特性出发,到由产品特性带来的相对优势,最终给用户提供了价值,这是我们能够感受到的简单推演,这也是常规营销策划里面的小"套路",也称为FAB法则。

第三篇 降本增效提体验

Feature	Advantage	Benefit
材料种类少 对材料要求低 造型工艺创新 部件少	材料选择更容易 供应链管理简单 生产易于规模化 末端装配更简单 远距离批量交付	更轻便 性价比更高 质量稳定可靠 交付确定性
特性	优势	好处

FAB 法则

曾经有一个丹麦设计师韩宁森这样评论 14 号椅子：如果有一把椅子价格是它的 5 倍，重量是它的 3 倍，而美感只需要达到它的四分之一，那么这个设计师已经可以为他的作品自豪了。

我很难理解美感的四分之一怎么样衡量，但是价格、重量是可以秒懂的。**做便宜、轻便的椅子很难吗？是不是做到便宜、轻便就可以了呢？为什么只有索耐特成功了呢？**

我们回顾前面的分析，有技术专利、简洁的创新哲学、性价比、质量稳定、规模生产等，我们很容易形成一个印象，好像各种要素都挺重要，缺一不可，但是到底哪一项至关重要？至少相对更重要的是哪个？我们作为创业者来讲，创业阶段资源有限，不可能面面俱到，即使是索耐特，从 1848 年的 1 号椅子到 1859 年爆红的 14 号椅子花了 11 年时间，今天的市场环境不允许我们有 11 年时间探索，所以我们要继续挖掘，找到那个至关重要，至少相对重要的关键因素。

三、旧要素，新组合

这个时候，我们尝试用混沌学园的创新思维模型拆解一下，看看有什么新的发现。

第一个模型是组合创新。这是混沌学园诸多思维模型里面的基础模型,来源于熊彼特的创新理论,是基本要素的重新组合。

例如,以下是乐高积木,把左边积木搭的亭台楼阁拆散为一堆积木块,在这些零散的积木块当中挑出可能需要增加一些新组件的积木块,搭出右边的鸟巢。组合创新的精髓就是这6个字:旧要素、新组合。

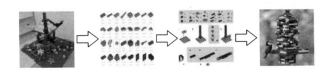

乐高:拆解→组合→新品

我们用这个指导思想拆一下椅子,有三个角度来拆解——材料、造型工艺、部件连接工艺:

	材料						造型工艺			部件连接工艺		
	布料	粗木	细木	螺钉	木板	木片	雕刻	层压	热弯	榫卯	粘接	螺钉
传统	◆	◆			◆		◆			◆		
列支敦士登			◆	◆	◆			◆			◆	
No.1		◆	◆	◆	◆				◆			◆

对椅子进行三个角度的拆解

我们列出这样的一个表格,可以对比一下新旧椅子的区别,差异最大的是造型工艺。传统的造型工艺是雕刻、锯切,是手工活,新椅子的弯曲部件是索耐特专有的技术,可以用工具、设备、机械来完成。这样的话,对工人的要求更低,普通工人就可以做到。

接下来继续拆解1号椅子,我们发现它的造型工艺增加了实木加热弯曲的工艺,而部件连接方面使用了螺钉连接。过去实木家具都是用榫卯的连接工艺,现在放弃了榫卯的连接工艺,增加了螺钉连接。

再继续拆解4号椅子和14号椅子,我们发现它放弃了最初的承压弯曲造型,只使用了加热的弯曲工艺,同时在部件连接工艺方面,完全放弃榫卯结构,只采用螺钉连接。

第三篇　降本增效提体验

通过这样的拆解过程，大家可以慢慢聚焦到两件事情上：**第一，椅子的造型工艺发生了变化；第二，螺钉连接**。这两个要素一个解决了规模生产的关键问题，另一个协助完成了最终组装的过程。

四、单一要素，实现破局

我们继续用混沌的单一要素模型来拆解，这个思维模型讲的是我们通过识别外部环境中和企业相关的 10 倍速的变化要素，聚焦跟它相关的内部关键要素，重度投入资源，击穿阈值，实现业务破局。

在索耐特的创业年代，什么要素跟它相关，并且发生 10 倍速的变化呢？ 当时的铁路运输大发展。1850 年前后，英国兰开夏郡出现了铁路托盘运输方式，货物通过重组包装，可以整个放在托盘上面，到达目的车站以后，再把整个托盘吊装到马车上，进行短途转运，这也是今天现代集装箱运输的雏形。

托盘的出现大大提高了搬运和铁路运输效率，铁路运输的发展是当时 10 倍速变化的外部要素。

再来看索耐特的内部，由于 14 号椅子采用螺钉连接工艺，一把椅子可以拆成 6 个部件加上 8 个螺钉。在这个透明的底部面积差不多正好是托盘尺寸的一立方米的箱子中，可以放 36 把椅子的所有部件。

可以设想一下，同样的箱子，如果放传统宫廷的椅子可以放几把？这样的运输方式，这样的产品，可以采用铁路网以很低的成本运输到非常远的地方，规模化、大批量生产的工厂的威力这个时候才能够得到释放。

现在我们发现索耐特实现业务破局，真正起到决定性作用的不是它最牛、最引以为傲的、索耐特花费将近前半生去研究的弯曲实木工艺，而是那个小小的螺丝钉。

由于放弃了榫卯连接，椅子可以以部件的形式低成本运输，到达目的地再进行简易组装,大批量生产的椅子就低成本走向全世界。

所以,在一些古老的诉说着世界历史的照片里面,我们都能看到这些椅子。这种理念在今天的家居行业演化成平板包装、组装简易的八字理念。

这种理念也激发了无数热衷于家居创新的成功企业,今天我们走进宜家,几乎所有的宜家家居产品都是平板包装,买回去直接DIY安装。

所以,我们发现同样的八字理念在150年前,帮助索耐特解锁了那个时代的铁路运输红利,60年前它又滋养了宜家,使之成为家居领域最大的全球零售商,这个理念是今天所有家居企业要解锁互联网红利的钥匙。

这几年很多家居企业进军电商,双十一促销当天订单过亿的事我经常听到,同时我也听到这1亿元订单的发货可能要花半年时间,我们想想这些企业在这些方面是不是做到位了?

所以,一把椅子一个时代,在索耐特的时代,不仅有铁路运输的基础设施红利,也有那个年代市场需求的红利。有些人会说,在那个时代人们审美观念发生了很多变化,我们设想一下,假如索耐特没有解锁当年的铁路物流红利,即使他看见了这个市场的需求,看见了这个需求红利的大江大海,也只能望洋兴叹。

我们要向成功的企业学习,尤其是向这些经典的品牌学习,有很多种方式。

第一,抄作业。索耐特的椅子有很多仿制品,抄作业也是一种学习方式。

第二,通过深度的拆解分析,找到企业成功背后的核心逻辑,再汲取它的精华,滋养自己的业务创新。

一把椅子,一场穿越200年的时尚,也可以说是一个家居品牌的创新。过去很多家居消费品是一个物质的承载,但这把椅子实现了物质和精神的高度融合,留下满满的历史回响以及创新的传承。

软装的进化论

全屋优品创始人兼董事长　周志胜

社会的消费形态在互联网开放的生态影响下,越来越国际化和扁平化,社会经济发展后社会信仰缺失,消费者追求断舍离和简单平和的精神生活,生活水平的提升让消费升级到超越产品本身的价值。所以,我们把2019年之后的十年叫做软装的黄金十年。

在大家居领域我已经从业20年了,20年间无数身份的交替和重构让我在变老的同时,也对这个行业产生了既讨厌又深爱的情感。

这是一个没有太大技术含量却又很有工匠精神的一个细分领域。从业者和家具产品伴随着中国第一代市场化发展和经济改革而产生巨大的变化,从无到有,从有到多,从多到杂,从杂到精简,整个过程我和我的家族作为参与者与见证者,也在不停地思考和探索。

一、家居在家里面到底是什么样的角色和定位?

早年,没有家居工业化,没有工厂和机械化,中国第一代家居工匠叫木工。那个年代，就是我的童年和少年时代，我父亲当时就是十里乡邻有名望的木匠之一。我日夜伴随着父亲锯木头和推刨木的声音长大。家居产品，那时候都是稍微富裕的家庭自己买木材，做几件沙发、凳子、床和餐桌；那时候没有软体概念，也没有软体沙发，基本也没有吊灯和窗帘，这是中国家居的第一代，所有的家居都是为了解决生活最基本的需要，即衣食住行的最基本功能。

到了90年代后期，开始出现初步家居工业化生产，这时候木工慢慢变化成为半流水线工作，开始有了初具规模的生产工厂，家居产品做工开始精细化，然后材质开始丰富起来，软体产品开始出现在市场，布艺和五金开始应用在家居软装上，这个阶段的家居产品有了规模化趋势，同时往美观方向进化。但是，市场此时基本没有家居品牌和渠道卖场，红星美凯龙和居然之家只是一个初级起步，现在所有的家居界大佬都是搬运工＋企业老板＋创业者第一代。

然后就是大家熟悉的家居卖场和房地产迅猛发展的二十年，紧跟卖场开店获取流量红利的第一代家居品牌开始出现。在国内，品牌因为高曝光率和最原始的广告宣传而形成，还有一部分工厂随着开放的节奏将产品的低成本优势发挥到极致，做成了家居出口代工企业。社会进一步西化和开放，生活方式的模仿让社会的需求产生了多样性，吊灯，水晶灯，装饰品和油画，地毯和带流苏的窗帘，欧美式家居，在这一阶段得到迅猛发展，软装的概念开始被应用起来，这个阶段软装好像就是窗帘壁纸和灯饰。家具是软装之外的一个品类。我把这个时代叫做软装的要素时代，也是产品时代，具体时间可以归类到2000年到2018年，基本是中国家居产品真正发展和拥有材质、工艺和品类的一个时代，这也是中国付出劳动力成本简单、做事不需要太多思考，供需关系相对平衡的一个时代。

到2018年，这个时代慢慢结束了，开始出现两极分化，头部品牌仍然有流量，腰部与尾部品牌生命力与市场突然断崖式下降，单一卖场的流量也同样如此；产能高度过剩，社会的消费形态在互联网开放的生态影响下，越来越国际化和扁平化，社会经济发展后社会信仰缺失，消费者追求断舍离和简单平和的精神生活，生活水平的提升让消费升级到超越产品本身的价值。所以，我们把 2019 年之后的十年叫做软装的黄金十年。

二、从产品到效果是软装形态的一个标志性的表现形式

软装在第一个起步阶段叫手工产品阶段，到第二个阶段叫工业产品阶段，再到现在与往后的阶段叫艺术产品阶段，该阶段有两个明显的消费升级的特征。

（1）**产品的组合从功能性搭配到带有明显艺术性的搭配，追求以整体的艺术性呈现为主，比如色彩、空间，标志性与创新性几个元素能否融合为整体的家和环境效果。**消费者已经不满足于起居的功能需求，而是追求整体的家的赏心悦目与自我生活方式与品位的外延。

（2）软装的语言已经超越产品本身的品牌和价值，改变了原来通过单一品牌属性去吸引用户做决策的点，每一个品牌和产品都是软装设计方案里面的一个组成元素，软装的发展将淡化品牌和单一产品，强调整体的效果呈现，所以优质的产品和美好的效果是互相依存的关系。

这里面会创造出对行业上下游影响巨大的结构性变革机会，从而影响行业里面千千万万的从业者，将中国家居的消费引导到中国软装 3.0 时代。

三、在软装 3.0 阶段，对上下游影响巨大的表现

（1）下游消费者的需求是整体效果所见即所得和空间的协调性，那么我们就思考现在的经销商体系如何应对单品的代理制。

现在很多工厂被倒逼做全品类。我的观点是行业内只有极少数企业能

够成功,其他都将失败,所以全屋优品的模式就是将定制、家具、软饰三者通过设计形成一个整体解决方案。这整合了行业最优势的资源,通过全屋优品总部的智能云设计形成整体方案,从而赋能和对接现在的单品类代理商,帮助他们去满足客户需求的整体效果。比如窗帘代理商+全屋优品、定制代理商+全屋优品、单一品牌家具+全屋优品、家装公司+全屋优品这种赋能形态开始得到市场的欢迎,根本原因是其协助代理商满足客户需求并主动适应市场变化。

(2)下游工厂的生产和销售形态也发生结构性变化。

首先我们确定的一点是单一工厂肯定生产不了软装的全部产品和要素,也无法去掉自己品牌换取竞品品牌供应自己多年建立的渠道,这就决定了供应链和市场需求之间存在无法调和的矛盾。所以在全屋优品体系里,我们把上游优质的供应链整合起来,变成软装供应链的一个部分,所有供应链共享渠道和客户,同时共同贡献价值和产品,以此来满足用户需求的变化。

而这种结构性的变化可以让全屋优品在全世界寻找到最优质的产品源头和软装要素,同时将所有产品品牌原来的价格组成结构重新排序,从而给市场与用户最好的效果、最好的价格、最好的整体体验。这才是中国家居软装发展到3.0时代的结果,一句话概括,就是用户主导市场,市场影响供应链。

从刚需型家具产品到改善型家具和其他类别产品,再到效果性的软装市场,中国正在经历结构性的变革,这是一个真正改变消费供应链市场和生产供应链市场的过程。在这个过程中,我们不管是代理商还是生产商,一定要有趋势的准确分析能力和把控能力,踏准节奏,和全屋优品一样,迎接或者创造软装时代的到来。这种升级和到来,会给中国千万个家庭带来更美好的生活体验和享受,这也是我们这一代家具软装人的历史责任和社会价值。

做好整装的六个关键认知

"整装校长"靓家居董事长　曾育周

只有整体设计,加上完整的产品供应体系和标准化服务体系才能让消费者所见即所得,享受真正的整装服务。

如今,整装受到空前的重视,因为整装的逻辑是消费者一开始的认知,消费者有这个需求。要完整装修一个家有大概的比例,40%硬装、30%软装、30%电器,这个4∶3∶3的规律基本没有变过。假设原来一家装修公司能做30亿,那把后面的软装、电器一起做就有近80亿。

因为消费者住了几年之后可能还有维修、升级之类的需求,如果你能够再增加维修保养的话,那用整装的概念来解释,那可能就是100亿了,这就是30亿与100亿的区别。

这就是很多装修企业要做整装的根本原因,但不是每个企业都能做好,想要做好要解决六个关键认知。

一、整装要以客户为中心提供家的整体设计及交付解决方案,而不是片段式、割裂式的服务

家装行业有个特点,企业设计强就说设计主导,施工强就说施工主导,获客厉害就说获客主导,生产企业做整装,就是产品主导。装修包含几大要素,产品、设计、施工,还有之后的保修保养,每一个要素都代表消费者的一个主张,但每一个主张,都不是消费者最终的需求。

少有企业能做到整装,真正的整装要有硬装、软装和电器,有了这三个主要部分才能打造一个完整的家,构成一个整装品牌。过去研究的出发点不是研究消费者要整装一个家的诉求,而是研究施工、研究设计、研究产品,最终还是没有解决一个完整的家的问题。

真正的整装是以客户为中心,提供家的整体解决方案。然而,目前整装行业的痛点是设计师技能单一,装修行业设计师是硬装思维,其他的设计都是增值服务,做出来的整体效果图是给客户参考的,让客户自己去选择软装定制产品。而定制行业的设计师是产品思维,仅把软装、硬装变成增值服务,家的整体设计效果图也是给客户参考的。为推动真正的设计赋能整装落地,靓家居整合强大的供应链体系,培训设计师综合设计技能,为客户提供完整的整装设计,包括硬装、软装、电器一体化设计。也只有这样的整体设计,加上完整的产品供应体系和标准化服务体系才能让消费者所见即所得,享受真正的整装服务。

二、厂家直供不一定省钱,供应链最好就地取材,分好利

因为部分家装公司供应链做到一定程度,掌握了一定的量自然就会想开厂或者去贴牌。试图赚取厂家到消费端的差价,但这恰恰就是陷阱,我当

时还以为已经避开了这个陷阱,改成做垂直连接,例如不同的部门分别研究木作、建材、装配、智能,试图直接在厂家拿货,赚取更多利润。

后来发现这样做第一要有产品研发能力,还要有持续的新产品迭代能力;第二还要服务,有服务属性、安装属性;第三就是你比一线的产品品牌生产慢,没有新产品。有价格优势就只能拿到基本款。最终发现资金都耗到里面去了,因为你的某个品类产品的规模化还比不上别人细分品类专精。这样所谓的厂家拿货,看着钱是赚多了,但在过程中消耗过多,竞争力也减弱了。

反过来思考,厂家找的代理商是当地人,仓库可能是代理商自己的,他的产品还很丰富。所以,靓家居是把全部产品做成平台化,厂家、代理商一起跟我们合作,厂家提供产品,我提供端口,代理商提供服务,这样一下子就做活了,因为代理商是当地的,本身匹配的产品是当地市场需要的,合作是三方的,假设厂家想做可代理商不想做,那就跳空了;如果代理商想做但厂家不支持,那他也没有利润。一定是产品、服务、端口合体,才能构建起一个完整的产品供应链,靓家居只做平台需要做的那部分。

三、整装店的大小不重要,关键是要与模式、产品及市场各方面的要素相匹配

靓家居的门店都开在购物中心,覆盖的市场半径决定开店面积,没有什么绝对的大店好,或者小店好。

假如只是围绕某个小区服务,那就没必要开大店;假如我开的店面积为五千平方米,业务开展则要覆盖相应的商圈半径。广告和业务怎么推、服务能否匹配都需要考虑,有些大店有一两百个业务员,东南西北分布也能经营好。靓家居的中型店跟购物中心的服务半径定位是同步的;假设这家店所在的购物中心是区域性的,可以覆盖20公里,那我们就要服务20公里,店

面就相对大一些,展现的东西就要多一些。我讲的是业务跟市场的匹配,所有的环节应该一起综合考虑。

所以不论开大店还是开小店,有成功的也有失败的,其实本身不是店大小的问题,而是与模式、产品及市场各方面的要素相匹配的问题。

四、加盟不是整装的扩张模式,先要定义清楚服务内容,再匹配相应属性和适配动作

整装通过加盟扩张是走不通的,为什么?首先家装本身链条很长,呈现方式就不是一个单一的产品;其次是装修本身有服务属性,假设你在广州,从广州东到广州北也要一两百公里,不管是泥工还是水电工,都有物理距离,效率太低;最后家装消费市场最大的问题就是各地的生活习惯不同,比如说北方有地暖,南方没有地暖,这样产品及施工就有差异。所以产业链条需要通过服务来呈现,服务因人而异,因地而异。例如为什么顺丰做成功了?因为顺丰都是网格化的路线图,早上收件、下午派件、下班的时候就开发业务,这是顺丰每个网格里面做的事情,如果需求很密集,网格就多,人少网格就少。

我们家装行业的逻辑为什么出现问题,就是没有确定是先服务,还是先获客,我们之前也走过这个误区。这种扩张会演变成权威思维,以为成功可以复制,但最终很多外围的生意都收缩了。所以要先把门店的服务网格划分好,例如靓家居以门店为中心把周围商圈切割成东南西北四个服务网格,店里面的服务有多少就匹配相应的服务人员,除了常规的整装套餐外,网格里面有几个重点小区,这几个重点小区有什么户型和需求特点,就针对这些特点做对应的专供套餐。

另外,施工人员和推广人员都是标配,离开门店服务半径的我们不做。用网格反推,刚开始是四个格,再到八个格,最后汇集成一个中心,形成一个

区域中心店。这个店的租金、人员配置、服务、产品，一方面按照总部连锁化要求执行，另一方面针对商圈市场进行个性化再加工，如果有地段属性，就要相应调整适配。

一旦你觉得可以扩张却没有匹配这些属性和动作，没有真正做整装，其实是没搞明白属性的问题。一旦做加盟就要考虑到标准化，连锁加盟的价值才能体现，还要考虑本地化，怎么才能做到平衡？其实就是先找出它的属性，哪一个属性可以从上往下，哪一个属性得从下往上？哪个要用总部赋能，哪些要到下面调整？这些都要考虑清楚。

五、实现组织复制与人才复制，不依赖于某一个人

简单来说，首先要做好分利，其次就是管理规范。连锁化的规范要按照步骤执行，要细致到每个岗位每天要做什么，哪怕今天某个门店的店总走了，明天这个店还可以正常运营。组织复制的问题，主要在于人才岗位的复制，要看门店里任何岗位出现人员流失的时候，这家店还能不能继续正常运营。

靓家居有很完善的管理制度，所有的环节都很细致标准化，称之为"七天的行政管理和七天的运营管理"。每位员工入职靓家居，我们都会培训，让员工熟知这些管理制度和要求。

刚才说的是管理规范，还有人才的培养，要用反向思维。从管理的角度，我们做整装，客户本身就是很个性化、讲设计的，但是我们要把它做成产品化，即整装的产品化。所以，靓家居的设计师全部都是按整装设计师的模式来培养的，我们有一套完整的体系，当一个设计师入职到靓家居的时候，我们需要设计师重新学习才能匹配整装设计师的岗位。什么是整装设计师？就是能做硬装、软装、电器一体化设计的设计师，这与传统的家装设计师是完全不同的。

六、做整装不能用二维思维，必须要用立体化的三维思维，这是完整的体验过程

以前家装公司大部分时候是一维思维，就是井水不犯河水，我做装修公司，你做瓷砖厂，或者电器厂，或者灯饰厂，大家属于不同的细分行业；到二维思维就发觉家装可以归纳成几大板块，有了部品思维，设计、材料、施工产生关联，但本质上这些东西还像是一台汽车里的各种部件；到了三维，就好像我是买奔驰，还是买宝马，还是买吉利。不少人其实是用二维思维来理解整装，比如整装中的施工、产品这些东西是二维，是一个垂直思维、部品思维，但这些都不是一个完整的整装思维。

三维跟二维最大的区别是什么？三维就是围绕着消费者体验和完整装修一个家的诉求，整合优质服务商。现在的很多大品牌也在横向整合产品，原来做瓷砖又做卫浴，还做定制的思维就可以理解成二维思维。三维是把产品理解成消费端，它是立体的，对于整装而言客户体验是最终极的，体验里面又包含了价格、产品、设计、施工、售后，通过体验来解决一系列问题。

三维思维是立体化思维，以消费的体验为核心，消费者关心公司靠不靠谱，大概要花多少钱，装什么风格，设计师设计出来后配什么产品，包括施工行不行，以后出问题了有没有售后保障，整个过程就是一个完整的体验过程。所以在三维思维里，价格、产品、设计、施工都重要，最终体现在消费者的体验满意度上。

家装企业的组织变革新方向及如何创建生物型组织

生活家家居集团董事长兼总裁　白杰

互联网是一个开放交融、瞬息万变的大生态,家装互联网化企业作为互联网生态里面的物种,需要像自然界的生物一样,各个方面都具有与生态系统汇接、和谐、共生的特征。

一、组织革新的方向

过去的二十年里,家装企业成功的核心竞争力,诸如供应链、设计、交付等,在新的时代已经面临着极其严峻的挑战。

原来成功的模式,如今却成为家装企业成长的负担。时代在不经意间进入"乌卡(VUCA)时代"[volatility(易变性)、uncertainty(不确定性)、complexity(复杂性)、ambiguity(模糊性)]。

在当今时代,每个家装企业都必须关注并重新审视和定位自身的核心竞争力。如今的组织开始变得更加扁平、去中心甚至无边界。越来越多的创新力量从组织末梢生出,无论是创客团队,还是事业合伙人,他们用最接近真实用户和使用场景的优势来主导创意和创新,让家装更具生命力。

同时,个体意识崛起、市场重心转移、业务模式转变等内外环境的变化,使得传统型家装企业组织模式的弊端日渐凸显,急需构建新型组织模式以确保市场活力和市场竞争力。

于是,一个开放、交融、共生的,且以网络化、扁平化、柔性化为主要特征的生物型组织正逐渐形成。

时至今日,众多家装企业为顺应业务协作网络化、产品服务个性化、市场响应及时化等新变化,正在致力于组织的转型(**从机械型组织转为生物型组织**)。他们利用互联网、大数据、人工智能等新一代信息技术,通过重塑家装企业结构形态、管理机制、运行方式,通过增强个体的创造性、独立性、灵活性,提升个体竞争力,进而再塑家装企业活力。

1. 结构形态

向边界无限延展的网络化转变。通过应用互联网等新技术,家装企业开始构建以协作(打通上下游)关系为基础的组织模式,并催生出互联网家装这一典型形态,开始从单个家装企业向跨领域多主体的协同创新网络转变。

2. 管理机制

向层级缩减的扁平化转变。通过减少管理层级,增加管理幅度,精简管理流程,缩短最高决策层到一线员工之间的距离,增强各层次之间的沟通。家装企业开始构建扁平化组织,比如小区拓展阿米巴组织。

3. 运行方式

向高效灵活的柔性化转变。通过应用大数据、人工智能等新技术,家装企业开始向多品种、小批量、按需定制的生产方式转变(按需订单、按需生产、按需物流、按需安装),进而构建快速响应、精准管理、灵活制造、高效服务的柔性化组织或柔性供应链。

二、生物型组织的六大特征

对家装企业而言,生物型组织就是员工依照组织的使命与个人使命的同频共振,以及简单的规则形成自组织后复制,经过进化,涌现出的超生命体。生物型组织具有以下六大特征。

1. 多样性

生物系统环境的复杂性和多样性导致了生物系统的多样性。而组织的环境与生态系统的环境一样具有复杂性和多样性,因此生物型组织也呈现出多样性的特点。生物型组织的多样性是生物型组织作为开放性系统的重要保证。同时,多样性能保证生物型组织贴近用户、贴近用户需求。

2. 竞争性与共生性

在生物的世界里,竞争是绝对的,共生是相互的。一个生物型组织的所有动作,都是为了求存。大部分共生生物并不知道自己正在帮助另一种生物,它们只是选择了对自身最有利的生存方式,这是物种自然选择的本能行为。

我们的商业组织在整个商业的生态环境中也是一样的,我们无时无刻不在面临着竞争,同时在整个生态中,我们无意间与整个生态环境中的组织保持着共生。竞争要求我们必须要通过进化满足并适应商业生态的变化。共生进化、相互成就会成为未来商业生态的主旋律。

3. 自组织能力

自组织是组织成员自发、自动、自主地为实现组织目标努力工作的一种组织形态。

无组织和被组织都依赖于组织负责人的个体品格、智慧、思维、格局、知识、技能等,自组织是唯一可以让组织内的个体智商叠加,让集体智商大于个体智商的组织形式。

4. 自生及再生能力

生物系统中的生物都具有自生能力和再生能力,而且这种能力与环境无关,并且能持续保持。

生物型组织也通过积累的数据资产及强大算力得以自生和再生。生物型组织打破了对于个体生命周期的依赖,而是通过"基因"的延续确保组织的自生和再生。

5. 受控进化

组织的发展过程不只是有意识的,而且是自发控制的。以环境和与之紧密相关的组织历程作为选择机制,对生命系统的变化、选择和保留起综合作用。

单个生命系统难以决定自己的命运,只有一个群体的相互作用才会对组织生命历程产生影响。

6. 非递阶结构

非递阶结构依据如下假设:在一定程度上,层次结构是必需的,但是对组织的要求太苛刻了,非递阶结构对于决策的自治性也是必要的,层次结构可作为其补充。

在非递阶组织里,各单元在自己的范围内对问题进行部分求解,然后将部分解叠加得到最优解或满意解。

三、创建生物型组织

1. 生物型组织的本质

生物型组织的本质究竟是什么?竞争,融合,进化?都不是。**生物型组织的本质其实是共生。**

在以前,家装企业的问题主要是资源稀缺(客户资源、供应链资源、设计资源、产业工人资源),而不是各种不确定性。而如今,家装企业面临的主要挑战和以前完全不一样，归纳起来有以下三大不同。

第一，外部影响因素对组织更重要。就像当前的疫情，几乎促使所有家装企业都发生了改变，比如用户在线化、设计线上化、沟通线上化等变得更重要。

第二，组织效率的核心变成了协同。在协作要求下，所有组织都需要跟相关要素形成命运共同体，而不仅仅是内部分工和自我的效率。

第三，当前和今后的根本性挑战体现为持续的不确定性，未来变得更难以判断，甚至完全无法判断。万物互联带来的影响将十分深刻。例如我们今天讨论疫情就很难预估它接下来带来的变化，不确定性很强，但是我们得持续做好与之共存的准备。

应对这些变化，家装企业必须要创建自己的生物型组织。生物型组织的"共生性"将利益相关方成员互为主体、资源互通、价值和利益共享，进而促进单个个体或团队无法实现的高水平发展。

长久的价值创造是命运共同体带来的集体智慧结晶，**"共生"是让组织形成命运共同体，拥有集体智慧的最重要的维度**。它代表的是多种不同生物之间形成的紧密互利关系，共生生物之间相互依赖，彼此有利。由此延伸出的生物组织的"共生性"，意为组织中团队和个体的相互合作关系，在这个过程中，团队和个体具有充分的独立性和自主性，同时团队与个体基于协同合作进行信息和资源的共享，通过共同激活、共同促进、共同优化，进而共同获得团队任何一方都无法单独实现的高水平发展。

由此，生物组织的"共生性"主要具有以下四个方面的特征。

（1）互为主体性。

共生是一种基于合作和价值共创所形成的组织资源共享、发展共赢的群体性有机系统，它打破了业务单元传统竞争模式体现出的单向线性思维，是一个双向或者多向的思维模式，使得组织和个体可以开展基于自身优势、为成员贡献价值、融合共生伙伴资源的网状发展。

在这个过程中,需要家装企业围绕用户价值进行重构,由过去被动接受者和商业利润的贡献者转变为组织价值形成的创造者,比如围绕单个用户独立构建团队,团队中每一个成员均为每个重要事项(项目)的承担者和价值输出者。

(2)整体多利性。

合作是共生的本质,共生更加强调合作组织之间的相互吸引与相互补充,最终做到从竞争中产生新的创造性的合作伙伴。

正是这样的合作关系,相互激发、高效互动创造出更多的价值,这些价值创造不仅帮助了合作伙伴,更重要的是也给自身带来了超出组织原有能力所创造的价值,比如杭州某家装企业一直都以非常高效的以价值创造为源头的小区拓展阿米巴模式。

在这个过程中,阿米巴组织在共同发展中不仅实现了整体的利益追求,而且在更大程度上实现了每个成员的利益追求和多个方面的成长,同时拥有了更加广阔的视野、更加互动的关联以及更加开放的格局,这也是他们持续取得成功(该市场的绝对龙头)的根本原因。

(3)柔韧灵活性。

由于生物型组织内部减少了管理层级,破除了传统组织中自上而下的垂直高耸结构,将权力下放到基层,从而让组织内部的灵活性和流动性变得更加容易,让组织成员感受到更多的自主与发展空间。

(4)效率协同性。

如何提高效率(营销效率、流量效率、转化效率、交付效率、库房效率)是家装企业面临的难题,也是整个行业一直在探讨的话题。

在生物型组织中,将以"分层、分工、分权、分利、分享"的"合作协同"来满足家装企业对整体效率的追求。在这个组织中,组织个体保留了各自的独立性和自主性,依赖彼此之间对资源的获取、分享以及使用能力。

2. 创建生物型组织的五力模型

五力模型作为生物型组织的员工评估工具,用在招聘、员工晋升、人才盘点等多个方面,是奠定生物型组织的人才基础。这个模型也是员工自我成长的工具,有了这个人才评估框架,员工可以根据自己的平时表现和业绩成果,以及和公司类似岗位员工的表现情况,进行自评打分。

不管什么形态的组织,必须要凝聚一批认可、支持该组织形态的员工。**五力模型就可视为生物型组织进行组织成员评估的工具。**

五力维度就像人身体五个器官,每个器官虽然都很重要,但是作用各不相同,并且有的能力依靠天赋,有的能力需要后天培养。

比如"使命力"和"创造力",这两个方面属于天生特质,比较难改变,需要这两个方面的能力都很强的员工时,只能去挑选;而"AI 力"属于专业能力和实际工作能力的结合,员工加强学习和努力,就可以在一定程度上得到提升。五力模型具体如下。

(1) 使命力。

在机械组织里,靠 KPI 指示方向,员工为家装企业目标服务,不关注员工的个人使命;生物组织里,靠使命指示方向,关注并鼓励员工寻找"个人使命",个人使命与公司使命同频共振。

(2) 应变力。

当前和今后的根本性挑战体现为持续的不确定性,在一个充满着不确定性的时代,家装企业要想持续取得成功就必须拥有随时应变的能力。包括拥有开放的心态积极拥抱变化;敏锐的洞察力,第一时间预见变化;具有责任意识,敢于承担责任、敢于迅速决策。

(3) AI 力。

如果我们将不确定的未来比作茫茫大海,那么大数据就是一份航海地图,算力就是我们的航线和灯塔。AI 力代表的是一种数字化的思维模式,以及构建业务智能化的能力。

(4) 繁殖力。

繁殖力是指管理者对人才的繁殖能力。人才的繁殖能力包含生物型组织一个重要的维度——"基因"。生物型组织依靠"使命驱动",区别于机械组织的"成功驱动",因此"基因"的重要性不言而喻。

管理者业绩做得再好,如果不能培养(繁殖)几个人才出来,那也不能获得晋升。家装企业家和TMT团队(核心高管)的重要责任是成就员工,不断繁殖人才,实现良将如云之盛况。而好的领导者,除了创造好的业绩,必须孵化和裂变出更多人才。

(5) 创造力。

正如拉姆·查兰所言,仅仅适应变化远远不够,当今,胜利属于那些创造变革的领导者。面对复杂多变的外部环境,他们不是观望,等情况明朗再做出反应,而是一头扎进眼前的模糊性中,积极分析和思考,确定一条道路,然后果断地带领家装企业在这条道路上走下去。

3. 灰度管理

在腾讯内部的产品开发和运营过程中,有一个词一直被反复提及,那就是"灰度"。华为的创始人任正非先生也曾经从这个角度进行深入思考,并且写过《管理的灰度》,他所提倡的灰度主要是内部管理上的妥协和宽容。在互联网时代,产品创新和家装企业管理的灰度更意味着时刻保持灵活性,时刻贴近千变万化的用户需求,并随趋势潮流而变。

生物型组织每天都在进化,创新发生在业务的每个场景中、在组织生命周期的分分秒秒间。一个创新的组织需要保持足够的灵活性以及容错性。"灰度管理"是我们组织灵活性和容错性的有效保障。

那么怎样找到最恰当的灰度,而不是在错误的道路上越跑越远?既能保持家装企业的正常有效运转,又让创新有一个灵活的环境;既让创新不被扼杀,又不会走进创新的死胡同。这就需要我们在快速变化中找到最合适的平衡点。

互联网是一个开放交融、瞬息万变的大生态,家装互联网化企业作为互联网生态里面的物种,需要像自然界的生物一样,各个方面都具有与生态系统汇接、和谐、共生的特征。

一次个性化家装转型的企业组织革新历程

上海 C＋装饰集团董事长　蒙延仪

企业组织变革是随着企业发展进程和发展战略的变化所必然发生的,"革新"不仅仅是改变企业内部汇报关系、组建团队或者宣布一项全新的企业目标,你必须从根本上构建一个全新的企业战略,重新定义组织心智。

2020年受疫情影响,很多企业都遭遇了生死危机。我通过与业内人的交流,发现整个家装市场大环境呈现日渐艰难的趋势。我们C＋装饰集团作为以"个性化"家装为主打产品的家装公司,做了一次革新——产品多元化,由原来单一的"个性化"转变为"标准化＋个性化"整装产品体系。从产品的革新到人员的革新,最终完成组织体系的革新。

家装行业的"个性化"与"整装"的区别是极大的,工艺、流程、标准以及交付体系都有着极大的差别。所谓"个性化",是指为客户提供一对一的差异化服务,设计师根据客户的需求进行设计,可能是局部也可能是全屋。而"标准化＋个性化"整装产品既能让客户享有个性化的设计又能享受标准化的流程与服务质量。

"标准化＋个性化"整装产品相对于单一的"个性化"产品来说有如下优

势:第一工期短,更便捷;第二预算更精确,其预算完整、准确,后期没有增加项目,预算即决算;第三更实惠,直接和厂家直供平台合作整合资源,规避流通领域的中间环节,工厂价即零售价;第四更省心,从基装、主材、家居到配饰提供完整的装修服务,拎包即入住;第五更放心,整体装修由一家装饰公司进行质量总监控,即使是售后服务一家装修公司就能解决,杜绝了售后服务装修公司与材料商在维修过程中相互推诿的事件发生。

从"个性化"家装转变为"标准化＋个性化"整装家装需要面临的问题是显而易见的,首先便是产品的转变导致整个交付体系也需要进行转变,其次是员工适应问题,是否会影响签单量等这些都是难以预计的。那么为什么在企业产值平稳增长的时候,我作为上海C＋装饰集团董事长要做这个重要的决策呢?

"装修公司需要积极主动地转变、革新,才能双管齐下取得更好的经营业绩。"这是我从业多年实践出来的企业经营理念。对行业变化时刻保持警觉的态度贯穿我创业的始终,我认为整装是家装行业市场发展的必然趋势和潮流,是大家居产业发展到今天水到渠成的结果,也是客户家居的本质需求。

"标准化＋个性化"整装产品上线初始,就面临了第一大危机——员工对产品的不适应,导致大量老员工流失,大量签单失败。

设计师小A就是典型的代表之一,他在C＋工作一年业绩一直都非常不错,但新产品"整装"上线后他非常不适应,给客户设计的方案不够有竞争力,与客户交流的过程中也不断出现问题,导致业绩极速下降。他提出质疑,他的直属领导发现他的问题并且明白这是目前设计师存在的普遍问题后,即刻向我汇报。我当时已经有预感会出现这类型的问题,但没想到这个问题会来得如此迅猛,我立即召开高层会议,要求从各部门开始进行手把手培训,要做到每位员工都了解所有产品内容以及产品优势,提高专业能力。

会后部门领导立即进行培训,带着小A这类典型员工,从联系客户量房开始到做方案,再到签单一整个流程进行重新学习。

另一个典型代表资深设计师小B,他是公司的老员工了,他对于这次产品的革新有很大的抵触感,认为设计师的提成减少了很多,在推出新产品的半个月内,像小B这类型的老员工陆续提出离职,成了C＋近年来设计师流失率最高的一个月,使得公司进入了紧急时刻。其实他们不知道的是,公司的提成已经是整装行业里较高的了。"个性化"家装产品设计师除了正常的设计费以外还可以拿到可观的回扣,而整装是要走标准化的流程,设计师除了有正常的设计费,还会有奖金。但是像小B这样类型的员工不理解用户体验的重要性,"口碑"好才能让大家有源源不断的业绩,个性化最大的弊端就是没有统一的标准,往往因为这些问题与客户产生了很多不必要的矛盾。

新推出的"标准化＋个性化"的整装产品是以高于行业的标准制定的,是一套针对施工工期、工艺、报价方式、选材方式等全流程标准的整装套餐,并在签约之前就先沟通确定用户所有个性化的附加需求,最大限度保障开工后所有流程和产品标准化落地,避免增项漏项的出现,让客户既能享有个性化的设计又能享受标准化的流程与服务质量。我要求设计部门的所有领导,要高度统一思想,并且要深入传达到每个设计师当中,我与设计部的全体设计师一同开了一个月早会,探讨"个性化"产品与"标准化＋个性化"的整装产品的区别,新产品的优势以及设计师切实的获利点,同时高度统一思想,做到遇到问题及时解决,这是我与员工、员工与企业共同革新的一个过程。

公司开始实行新的绩效考核模式——高绩效(重奖重罚),并且展开2021年的活动,线上＋线下相结合,每月两次大活动,两次小活动,以便提高员工积极性。

那次高层会议结束后,C＋装饰集团开启了第二层"革新"——**人员革**

第三篇　降本增效提体验

新，要求极速不间断招聘与员工培训、高绩效（重奖重罚）三管齐下。

由于人员流失及大部分老员工不适应，在新产品上线的前三个月时间里，C+装饰集团的产值由原来的稳步上升变为极速下降，销售产值最差的那个月只有之前平均月销售产值的三分之一。但是我们并没有放弃，而是坚定不移地向着目标前进。我做的每一个看似大胆、抢先的决策并不盲目，都是我从业多年对行业的深入观察和分析得出来的。

是什么原因使我要从产品"革新"开始做整个企业的革新？

我从业多年看到装修行业的用户体验非常糟糕，"口碑差"一直是家装行业的一大问题。这主要是因为部分装修公司增项漏项或者粗制滥造，导致用户多花钱或者装修出来的房子质量差。基于此，我希望能做出既满足客户个性化的需求，又能让客户享受到标准化的服务。我带着各部门管理层从产品设计、签约流程、项目经理管控、监理自检等出发，要求基本上杜绝增项漏项的出现，极大地提升用户体验和口碑。

基于对行业变化的研究和认知，我认为家装消费升级已成趋势，随着行业用户教育的逐步深入，越来越多用户将会选择价格透明、质量优良的整装产品，而不会受到恶性低价竞争的吸引、签订合同后遭遇无休止的增项，继而推出标准化＋个性化的整装产品。

"革新"的起始恰逢疫情的恢复期，我们抢先于绝大部分装修企业开始试点社群直播爆破，把所有潜在用户拉到社群里，吸引进直播间，由我亲自讲解"带货"，并实行设计师责任制。非常值得高兴的是用户反响非常积极，直播效果不错，从第一次试点以来，我们保持每周都有直播活动并不断优化，把直播作为常态化的线上营销方式。

新产品上市的第四个月，整体销售产值开始回温，第六个月已经可以持平去年最高产值月，到第八个月的时候，整体销售产值已经高于去年销售产值最高月份，并且稳步上升。而设计师小A紧跟公司的政策与要求，过渡了三个月后，薪资基本和之前持平，并且一直在公司设计师榜单前三名。

2020年底他已经作为部门组长带领新人团队,在升职的那天晚上他和我说:"我特别感谢C+的这次改革,特别感谢领导对我的支持,没有放弃我也没有让我放弃,我很开心在我正直青春的年纪和C+共同成长。"听到这话,我内心感慨万分,我做的每一个决策不仅是希望公司能够更前进一步,同时希望和我并肩作战的每一个员工都有更美好的未来。

"口碑为王,回归商业本源"一直是我做家装行业的信念。从这一本源出发,我充分利用齐家网的流量和数字化资源,积极自主创新与改革,将C+打造成具有区域影响力的家装品牌。

企业处于不同的生命周期时对组织结构的要求也各不相同,特别是成长型的企业,"变革与创新"的效率和质量会直接影响到企业长远发展与经济收益,经营环境变化、内部管理调整及人员组织的变化等都给企业带来了机遇与挑战。

财务视角下,从上市家装企业财报看其"经营五力模型"

知者研究

财务视角下的家装企业"经营五力模型":一是营收规模(行业影响力),规模越大,市场占有率越高,行业影响力越大;二是净利率(竞争能力),净利率越高,市场竞争力越强;三是现金流(生存能力),合理的现金流是企业生存的保障;四是费用率(运营能力),费用率越低,运营效率越高;五是净资产收益率(成长能力),收益率越高,自身成长力越强。

引言:知名家装企业接连出事

近两年家装行业频频爆雷,一些全国知名的家装企业接连出事。2017年底,实创装饰资金链断裂;2018年3月,苹果装饰以"诈骗"刑事立案,两名高管被抓;2018年5月,一号家居网被爆老板跑路,我爱我家网关门;2019年,天地和维权事件闹得沸沸扬扬;2019年5月,PINGO国际天猫、京东、苏宁三大官方旗舰店全部下线;2020年新冠疫情肆虐,家装行业负重前行。

一、家装行业的大变革已经拉开了序幕

看着这些企业一个接一个倒下,还活着的家装企业不知该庆幸,还是该

惶恐。在这样的背景下,不禁要问:家装行业到底怎么了?

家装的上游是房地产,毛坯房供给和旧房保有量决定了家装市场的规模。因此,家装行业与房地产景气度息息相关。

2000年后,因为进入门槛低,加上"高客单、低频次"的特性,大量小家装企业及游击队进入市场,轻松赚钱;再加上家装"重服务、强地域性"的属性,很快"大行业、小企业"成为家装行业的典型特征。

2016年后,中国经济到达一个拐点,作为经济支柱的房地产,自然成为国家稳定经济的重点调控行业。随着房住不炒以及精装房政策的落地,家装上游毛坯房供给开始收缩,新房装修竞争加剧,一线、二线城市家装企业重心已经转向旧房翻新、局部升级等业务。

同时,中国社会信息化水平快速提升,消费者的选择多了,要求自然就高了。全社会消费升级,各行业被迫变革。

在上游供给和下游需求的双向挤压下,家装企业传统低效运营模式不堪重负,获客成本高、运营费用高、供应链管控能力不足、交付品质不稳定等行业痛点集中爆发,诸多不同规模的家装企业关门倒闭。

二、解读上市家装企业财报,把握行业变革关键

要想在大变革中谋求生存和发展,就要先看清行业,了解趋势,才能找到机会。要看清家装行业,东易日盛和名雕股份作为仅有的两家上市家装企业,其财报便是最好的切入点。

两家公司年报显示如下。

东易日盛拥有"东易日盛装饰"(传统家装业务)、"速美"(互联网化家装业务)、"睿筑"(别墅业务)、"精装"(BBC定制)、"邱德光设计"和"集艾设计"(设计业务),以及易日通供应链、家具等家装服务链的多类业务。

名雕股份拥有"名雕设计"(设计施工一体化业务)、"名雕丹迪"(别墅豪

宅业务）、"名雕盛邦"（精公装业务）和"佰恩邦"（整装定制业务），以及建材及木制品销售业务。

下面通过解读两家上市公司的财务数据,把握家装行业变革的关键点。由于东易日盛2019年的数据变动较大,部分板块的探讨采用往年的数据。

根据三张财务报表,我们主要从五个方面来看企业：

一是营收规模,规模越大,市场占有率越高,行业影响力越大；

二是净利率,净利率越高,市场竞争力越强；

三是现金流,合理的现金流是企业生存的保障；

四是费用率,费用率越低,运营效率越高；

五是净资产收益率,收益率越高,自身成长力越强。

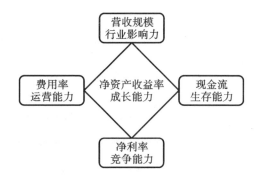

知者研究:财务视角下的家装企业"经营五力模型"

（1）营收规模:打破行业规模瓶颈,要学会借船过河。

对很多家装企业来说,10亿是一个大坎。粗略统计,在上万亿的家装市场中,营收过10亿的企业也就十几家。

东易日盛作为国内第一家家装上市企业,在2010年突破10亿规模瓶颈,达到10.9亿。如下图所示,2014年上市后,公司营收保持连续较快增长,2018年超过了40亿,2019年降至38亿。而名雕股份的营收在过去五年几乎没什么变化,一直保持在7亿水平,2019年增长至近9亿。

增长思维：中国家装家居经典商业评论

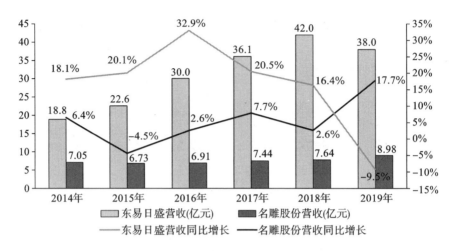

营收规模及增速

为什么对比这么明显？有以下两点值得注意。

其一，业务覆盖区域不同。东易日盛面向全国市场，重点在华东和华北，营收占比超过 2/3；名雕股份几乎都在珠三角地区，仅深圳一地营收占比就超过 60%。

其二，业务多元化上有差异。东易日盛和名雕股份都针对不同细分市场（传统家装、豪宅别墅、精工装等）推出相应的子品牌，但在业务配套上，东易日盛供应链上更有优势。

东易日盛旗下易日通供应链平台，已建成覆盖 30 个省市的中转仓，可实现当日达、次日达和隔日达的运输配送时效，在这方面名雕股份相对不足，否则其业务覆盖不会局限在深圳、广州、佛山、东莞等城市。

可见，对于"重服务、强地域性"的家装来说，供应链无疑是命脉所在。不同品牌、不同种类的材料，按时按量准确送到工地，是家装企业施工效率和交付品质的有力保障。但若不能达到一定的采购规模，自建供应链反而会成为负担。总而言之，规模和供应链效率两者是相辅相成的。

对于中小家装企业来说，如果自己没有造船能力，那就想办法借船过河吧。

(2) 净利率：实现可持续经营，需要维持一定的利润水平。

2019年，东易日盛净利润为负2.49亿元，相比去年同期的2.53亿元暴跌198.42%；2019年，名雕股份净利润2423.2万元，同比下降47.25%。由于跌幅太大，我们按往年的净利率水平进行分析。

如下图所示，两家公司净利率都维持在7%左右。名雕股份净利率近两年开始下滑，从7.3%降到6.3%；而东易日盛净利率从2015年的5.1%增长到2018年的7.3%。

净利率

2016年后，行业竞争加剧，家装企业获客成本在快速增加。一个要装修的客户通常会拿到几个甚至几十个家装企业的报价，为了争取这个客户，家装企业不得不加大促销力度，展开价格战。

产品同质化严重且没有品牌影响力，如果不积极争取，家装企业在消费者面前可能立马出局。没有获客，家装企业现金流就更紧张了，可能马上面临倒闭；但通过价格战得到的客户，家装企业基本是亏本，未来不可持续。

看到名雕股份净利率下滑，整个家装行业在获客上的压力随处可见。但东易日盛净利率的提升是如何实现的？

通过公司年报，发现以下两点。

(1) 2018年，东易日盛设计收入占营收比重为10.7%，而名雕股份设计收入占比仅为3.8%。可见东易日盛整个产品定位相对较高，一定程度上避开了低端的价格竞争。

（2）东易日盛线下有200多家直营门店，线下拓展能力较强；另外加强线上获客渠道，整合搜索、电商、官网、APP等多渠道，通过大数据等技术及工具实现对门店的精准推送。名雕股份在门店数量、覆盖区域，以及线上获客渠道整合上有一定差距。

众多中小家装企业无论在设计上还是获客上都缺乏能力，通常是外聘设计师以及买流量，然后通过价格战惨淡经营。但要想实现公司的可持续经营，就要尽量避免没有意义的价格战，不过前提是先活下来。

既然报价上不去，只有从成本和费用两方面考虑。一方面是成本，可考虑通过对接外部供应链平台降低采购成本，如上文东易日盛的供应链，以及一些第三方供应链如东箭、装象、中装速配等；也可考虑加盟行业连锁品牌，如积木家。通过外部平台的赋能，降低供应链成本。另一方面是费用，尽可能减少不必要的费用开支。花费大的代价买流量，未必成交。而一些新的网络渠道，如小视频或直播，也许会产生意想不到的效果。设计方面，也可以采用一些设计工具，提升前端设计师效率和转化率。

（3）现金流：紧盯公司现金流，严防猝死。

现金流是一家公司赖以生存的血液。知名家装企业突然倒闭，很多都是现金流出了问题。

家装行业标准化程度低，存在很多不确定性。一旦交付出现问题，加上媒体推波助澜，很可能引发业主集体维权、经销商上门讨债的情况，由于短期无法筹集到足够资金，本来紧张的现金流就可能断裂。

流动比率是流动资产（包括现金、应收账款、预付账款、存货等）对流动负债（包括短期借款、应付款项、预收款项等）的比率，用来衡量企业短期偿债能力。一般情况下，流动比率为2时较好，如果低于1就要亮红灯了。

如下图所示，东易日盛五年来流动比率一直下降，2018年为0.9，短期偿债能力不足，现金流风险加大。经查年报，公司近三年都大量分红，2018年为2.3亿，加上收购集艾室内设计少数股东股权，使得流动比率不断下

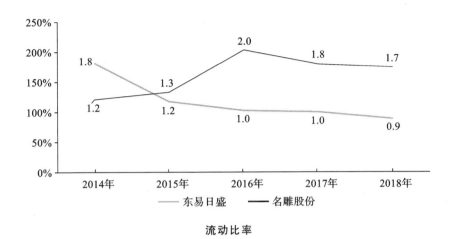

流动比率

降。而公司可通过减少分红、增发等方式缓解现金流压力。

非上市的中小家装企业如果流动比率很低,没有短期筹资输血能力,就会很危险。因此,还得从增加经营现金流着手,要"多进少出"——增大应收账款效率和延长应付账款周期(材料款)。

由应收账款周转天数图可知,名雕股份的应收账款周期远低于东易日盛。周转天数越短,说明流动资金使用效率越好(应收账款周转天数=平均应收账款/平均日销售额)。再结合预付款项占营收比重图,名雕股份预付款占营收比重在不断增长,2018年达到59%。

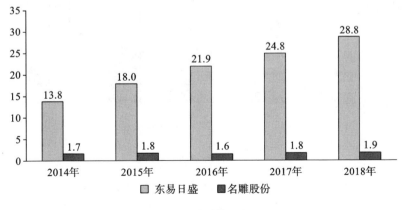

应收账款周转天数

预付款项占营收比重

当前变革环境中,家装企业要努力建立客户的信任,用好客户的预付资金。如签订合同,最好做前期排雷,尽量避免增项,还可提供保险服务,另外客户的问题要及时响应,提供确定性和依赖感。

在材料供应链方面,应获取更长的应付账期。如下图所示,两家公司的应付账款周转天数都在增加,可见上市家装企业的品牌影响力在增强。但东易日盛的供应链管控能力明显强于名雕股份,应付账款周期超过3个月。

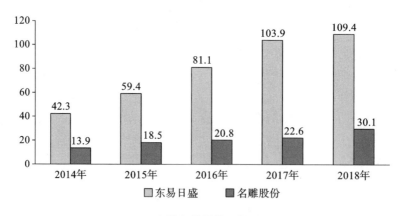

应付账款周转天数

在采购规模没有优势的情况下,中小家装企业要想获取相对较长的账期,就需要与供应商建立信任。同提升芝麻信用一样,稳定还款,保持联系,供应商的担心和顾虑就会降低,你的账期才会一点点增加。

在当前环境下,盯紧自己的现金流可以让你规避风险,但要想从根本上解决问题,还是得通过精细化管理,努力降低费用,提升运营效率才行。

(4) 费用率:通过精细化管理降低费用占比。

家装"高客单、低频次"的属性决定了家装企业"重营销、轻交付"的习性。这两年竞争加剧后,家装企业的销售费用(人员工资、宣传费用)进一步增加。

如下图所示,名雕股份近两年销售费用占营收比重有升有降。据其年报显示,主要取决于三个变量:广告宣传费用、业务部门薪酬和办公租赁费用。

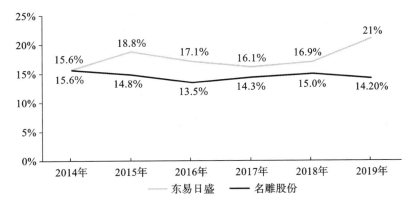

销售费用占营收比重

若前端获客成本增加,签单转化率又降低,公司被迫加薪稳定人心。通常项目人员的频繁变动,很容易引发交付问题。若处理不好,小问题就会被媒体放大,造成严重后果。

东易日盛这两年销售费用占营收比重也增加了不少。据年报显示,2018年公司销售费用增加了21.8%,其中人员工资增加23.9%,宣传费用增加31.4%;2019年销售费用占营收比重则达到21%,其前端销售获客压力也不小。

不仅是销售费用,家装企业管理费用(人员工资、办公费用)也在快速增加。企业运营是否有效率通常体现在管理费用上。如下图所示,两条曲线一降一升,对比十分明显。可见东易日盛在业务流程信息化方面取得了一定成效。

管理费用占营收比重

家装本质是服务,关键是人和材料的连接效率。要在1～2个月内,将客户、销售、设计、项目管家、工长、水电木瓦油多个工种以及上百种主辅材料协调好,传统重度依赖人力的粗放管理模式即将被淘汰,必须借助数字化、信息化技术和工具使作业流程标准化,通过精细化管理,降低管理费用。

如设计环节采用签单转化工具,设计师出效果图从3～5天缩短到一天甚至几个小时,可快速调整设计。不仅如此,设计图完成后可一键拆单,将所需要的材料清单分解出来形成准确报价,客户一清二楚,有效避免后期增项问题,客户信任度提升,合同转化率增加。

又如施工环节,爱空间开发的熊师傅APP,能像打车软件一样自动派单,工人师傅抢单、到工地干活、完工后打分、结算款项,都可以根据系统提示推进作业,避免传统大量低效的沟通。

目前,家装行业更多的是依赖工具降低费用,是单个点的效率提升。未来,整个业务流程的在线化是必然。只有在线,数据才能记录下来,算法和模型才能不断优化,才会最终形成数据智能。那时,结合装配式住宅的发展,家装行业的面貌会焕然一新。

(5) 净资产收益率:评判企业经营效率的最终指标。

经营企业是为了获利,净资产收益率用来衡量自有资本的利用效率,直接反映企业的自我成长能力。一般来说,如果一家公司长期保持净资产收益率15%以上并且有涨幅,大概率是一家值得投资的公司了。

东易日盛2019年净资产负债率是负26.74%,名雕股份则是3.80%,跌幅太大,我们还是看之前的数据。

如下图所示,东易日盛净资产收益率明显高于名雕股份,且从2015年逐年走高,2018年达到21.5%,行业龙头资源聚焦优势显现。而名雕股份净资产收益率在过去五年一直向下走,公司收益增长相对乏力。

净资产收益率

净资产收益率可以说是评判企业经营效率的最终指标。提升净资产收益率就是要提升盈利水平,需要从两个方面努力。

一是维持一定利润水平的情况下,努力扩大营收。

要保证利润就切忌盲目打价格战,这是一条不归路,想持续经营的企业就要想办法避免。竞争优势无非通过三方面获取:总体成本领先、差异化和聚焦细分市场。中小家装企业的产品同质化很严重,聚焦细分市场做深耕是当前的最优选择。

家装地域性强，不同区域会形成一定壁垒，努力做好当地市场就很不错了。从前文分析可以看出来，名雕股份尽管增长乏力，但60％以上营收集中在深圳一个城市，而且预收款占营收比重很高，应收账款周转很快。所以名雕股份可以作为众多中小家装企业的参照。

二是通过资源聚焦，实现降本增效，拓宽利润空间。

越来越高的销售和管理费用，随着大数据、云计算、VR技术的成熟，5G的推广和人工智能技术的应用深入，家装企业在设计、获客、供应链等单个点的效率问题，完全可以通过外部赋能得以改善。

家装企业要做的是仔细考虑自己的核心竞争力，然后将企业资源聚焦在能提升公司利润空间的环节。可以通过设计工具组合出最匹配当地市场需求的产品，并向软装、家装后市场（维修保养、空间改造、局部换新等）做深度发展，将单次博弈转化为重复博弈，建立长期关系，实现合作共赢。

总之，有以下两点是毋庸置疑的。

①家装行业变革已拉开序幕，要么顺势而为，要么淘汰出局。

②经营是为了获利，利润来自效率，聚焦资源、降本增效是当前中小家装企业的首要任务。

PART 4

第四篇
科技驱动大家居

大家居产业信息化的光荣与梦想

群核科技(酷家乐)联合创始人兼 CEO　陈航

酷家乐并不认同需要靠卖货才能将企业做大,当科技的能力足够强,能创造巨大的价值时,我们可以通过科技的手段赋能用户,通过科技价值获得利润。

一、家居产业信息化的亮点

纵览大家居产业的信息化之路,几乎与生产自动化、工业4.0的发展同轨。在现代工业技术推动下,大家居产业与时俱进,从零起步走上现在步调越来越紧促的信息化变革之路。

其中,以全屋定制行业为代表的CtoM模式,依托后端生产软件信息化,结合前端用户体验的个性化,算是一大亮点。

为什么全屋定制的模式可以快速发展?可以说其利用了最先进的中国制造业优势,再借助信息化手段,以提供高服务附加值的体验,迅速得到了终端认可。在这个过程中,所配套的信息化软件也得以快速发展,以匹配行业的巨大需求。

中国改革开放以来,生产制造业是最先和国际接轨,甚至最早达到国际先进水平的行业。在同样的背景下,以酷家乐为代表的云设计软件,在2010年后带给终端用户急速设计、快速渲染的"所见即所得"极致体验,在全世界也是绝无仅有的亮点。

二、云设计软件的发展趋势

我相信,千百年来人们都希望实现"所见即所得",但由于缺少信息化手段,设计师只能通过手绘、师傅带徒弟的方式来构建建筑、场景。其实人的需求始终没有变,只有当技术手段越来越强大以后,用户更高的需求才可以得到更好的满足。

云设计软件发展的趋势,最重要的一点就是云端化,从本地软件往云端软件跳跃。

在此之前,3ds Max、CAD、圆方等本地化软件,曾在本地化技术阶段为行业创造了价值。随着互联网技术的不断发展,云设计软件开始提供更优质的用户体验,比如快速渲染、素材即拖即用等。

这种云端计算给家居行业带来的颠覆性变革是显而易见的。

借助算力所实现的更智能的设计体验,正帮助大家更好地运营每一个商家客户,而随着5G网络基础设施的发展,这种速度一旦迈过了某个"阈值",云设计软件将会完胜所有传统意义上的PC软件。

在市场强需求与技术催生多重效应叠加下,软件的云端化势不可挡。

BIM化是云设计软件的另一大趋势,它对设计领域进一步发展有2个核心作用:降低门槛,扩大协作范围。

手绘时代,当大家还在白纸上作画时,协作范围十分有限;2D时代,设计师开始通过长时间的学习,把想要呈现的3D场景映射在平面图纸上,虽然提高了部分协作效率,但门槛依然很高。

而3D是真实世界的映射,作为前一代制图模式的迭代升级版,未来设计领域将在BIM化的推动下迎来真正意义上的"3D BIM时代",包括酷家乐在内的云设计类软件,将在3D的前提下构建更完整的信息,降低门槛,大幅提高协作效率。比如水暖电、建筑结构等3D场景的落地使得设计空间和物理世界相互约束、相互关联,真正实现"所见即所得",而空间的数据和信息在很多年以后依然保存完整,可以修改翻新。

这是酷家乐对行业趋势的理解,也是我们坚定努力的方向。

三、酷家乐做对了什么?

为什么酷家乐坚定地走在云设计的路上?因为我们看到了技术的浪潮和趋势。为什么酷家乐一推出就得到了行业的积极认可?我认为有以下几个方面。

(1) 行业时间节点。2010年前后,年轻一代开始对审美提出更高要求,作为家居行业入口,家装公司需要提供更高效、更个性化的用户体验,因此对快速设计谈单、急速渲染体验有着极强需求。

(2) 新的平台期。从传统的本地软件发展至当代云端软件,只有互联网化、网络基础设施足够完善之后,才能提供10秒渲染、海量素材即拖即用的用户体验,这一切都需要基于技术背景的发展浪潮。

(3) 找准切入点。在得到家装企业海量设计师认可的前提下,再去渗透定制、成品、家电等行业,影响更专业的用户群。对接施工落地的产品模块——"设计—生产—施工—管理一体化",对酷家乐而言是实现了"所想到所见、所见到所得",对行业的信息化而言,是更进一步地提高效率、降低成本。

四、简单、专注、开放

家居行业每年几万亿的交易总额（GMV），我相信每个企业都希望能分得一杯羹。

自成立开始，酷家乐的核心就是简单、专注、开放。

专注这一点，有很大一部分原因是我们时常自省，作为一家互联网企业，酷家乐是有能力边界、局限的。比如我们是三位技术背景的联合创始人，只擅长做技术型产品。

其次，我们之所以能始终专注，是因为我们知道技术本身就可以带来"金矿"般足够大的价值。通过科技的赋能，家居行业已经产生了天翻地覆的信息化变革，并且在引领世界的潮流，创造了新的模式。我们有足够的信心，当我们专注于产品和技术，钻得足够深，酷家乐便可以成为一家极具影响力的公司。

纵观世界上谷歌、微软等高科技公司，皆如此专注。所以，酷家乐并不认同需要靠卖货才能将企业做大，当科技的能力足够强，能创造巨大的价值时，我们可以通过科技的手段赋能用户，通过科技价值获得利润。

家居行业经过几十年的发展，已然形成了复杂而茁壮的生态，在这个生态中不同的企业将发挥不同的价值。

五、从设计到全链路，从工具到全生态

从设计到全链路，从工具到全生态，是酷家乐 2020 年发布的两大全新战略判断，也是我对大家居行业信息化的部分理解。

目前，家居行业的设计阶段已经实现了比较好的信息化，但不能在全链路上贯穿，包括指导前侧营销、协同施工落地、对接生产安装等，解决此类问

题也是酷家乐努力推动的赋能方向。

至于全生态,酷家乐从设计工具出发,希望和更多伙伴进行良性的生态合作,无论是软件的生态、服务的生态,还是用户流量的生态。

一个人可能可以走得快一点,但是一群人才能走得更远。

人工智能技术应用将成为泛家居产业发展的新势力

土巴兔创始人兼 CEO　王国彬

我们使用各种 IT 系统的思维不能只从效率节约入手,这条路会越走越窄,我们应该从价值创造入手,这条路会越走越宽。

在数字智能化时代,企业如何发展得更好,如何因势而变,如何能够更进一步地给用户创造价值?

过去一年,活下来并且活得好的企业应该切身感受到拥抱趋势的价值。当疫情来临,可能对很多没有用过互联网或者对互联网平台不熟悉的企业是比较大的挑战,因为几个月里都面临着用户在哪里的问题,但正是因为过去五年、十年里很多的伙伴率先拥抱了互联网平台的趋势,所以在疫情期间依然能够从容地去和用户连接、下订,甚至直接签约,这就让更多企业看到了拥抱趋势的价值。

在这样一个大变革的时代,未来怎样继续更好地活下去?我认为是顺势而为。因为只有知道未来五年甚至十年的发展趋势,才可以未雨绸缪,做好布局,我们要迎合这个趋势、迎合这个时代、迎合用户,这样企业才会发展得更好。

顺势而为，顺应的是技术的趋势、用户的趋势、商业的趋势。今天技术趋势是什么样的呢？是人工智能的趋势，人工智能 AI 是近两年被提及的热门词，其实人工智能技术很早就已经开始应用，比如搜索引擎就是一种典型的人工智能技术，但是为什么今天人工智能技术被这样高度关注呢？

因为近 20 年互联网快速发展，经历了从 PC 互联网、移动互联网到现在的物联网以及云计算，已经有大量的数据被在线化，而且这些数据因为有了云计算技术可以被记录、被处理、被分析，这也使得人工智能这样一个新型的生产线、生产工具有了一个完整的生产资料，就是大数据，因为有了大数据才使得人工智能新的生产工具可以发挥威力。

今天人工智能技术作为一种新的生产工具，被广泛地关注，这就是技术的趋势。用户趋势往往是跟随技术趋势发展的，过去这些年，用户已经形成了通过互联网来做决策，再加上新型技术提供给服务企业、制造企业与用户更紧密联系的方式。

在传统的工业时代，生产一件商品并将它卖出去，其实我们不知道用户的感受，只能抽样调查。但是今天因为有了互联网，有了更多的方式与用户发生连接，有了更多与用户互动的产品和服务，使得我们和用户之间的互动变得更为密切，我们可以记录用户的行为，通过行为数据可以了解用户的需求，从而更好地围绕用户的需求去创造价值。如果说在传统工业时代，"用户第一"只是一个服务理念，那么今天在智能时代，"用户第一"已经是做一切事情的出发点了。**以"用户第一"为出发点，这就是用户趋势。**

因为技术趋势和用户趋势的变化，所以商业趋势也在发生变化，从传统商业演变成智能商业。像天猫、淘宝就是智能商业的代表。同样是一个购物平台，我们去沃尔玛，10 个人去、100 个人去看到的东西都是一样的，但是在天猫、淘宝上，可能每个人看到的商品都不一样，因为它都是依据用户的喜好重新对界面完成布置，这就是新型的智能商业对过去传统商业的变革。包括今日头条、抖音这些新势力，都是因为迎合了智能商业趋势，所以才能

第四篇　科技驱动大家居

在商业价值上取得巨大成功。

由此总结,未来什么样的企业可以活得好?未来具备了 Double AI 基因的企业,都能够获得商业上的巨大成功。怎么理解 Double AI?一个 AI 是人工智能,拥抱好人工智能技术的企业,另外一个是 ai(爱),意味着把用户排在第一!只有以用户第一为出发点去构造商业模式和运营模式,才能够在另外一个 AI 上做得更好。

正是基于对未来发展趋势的判断,土巴兔有一个愿景:希望成为泛家居行业首选的创业平台。

泛家居行业是一个巨大的行业,同时也是一个非常复杂的行业,不可能每家企业都能够进行人工智能技术的研发,就像第二次技术革命(电力电器技术革命)一样,我们只需要用好电力电器,也能够产生像福特一样伟大的企业。所以在人工智能时代,只要把人工智能技术运用好,也有机会成为一家造福人类社会的伟大企业。而土巴兔的愿景就是希望打造一个这样的创业平台,全心全意地扶持、支持、赋能生态企业发展,土巴兔把擅长的地方做好,通过大数据对用户的理解,让我们的合作伙伴能够精准、稳定、更低成本地获客,给用户交付一个更高标准的工地,支持平台装修企业能够活得更好。

2021 年土巴兔推出了五大创业引擎来支持平台上的装修企业更好地实现对用户的承诺,更好地拥抱 AI。五大引擎分别是流量匹配引擎、内容推荐引擎、供应链引擎、口碑引擎以及数字化引擎。

(1)流量匹配引擎。

人工智能技术是背后技术支持,大家都知道土巴兔的流量稳定、精准,但过去的精准更多停留在量到房,可以与用户见面。未来流量的精准会更进一步,要朝着客户更匹配这家装修公司,甚至朝着更匹配这家装修公司的设计师的方向去发展。我们会在流量更精准的匹配上下功夫,进一步地降低装修企业的获客成本,当然也需要装修企业配合用好人工智能,人工智能的生产资料就是数据,所以我们的合作伙伴一定要拥抱在线化,才能够跟用户实现更紧密的匹配、连接。

(2)内容推荐引擎。

像今日头条、抖音,就是典型的内容推荐引擎,背后其实也是人工智能技术。过去这么多年里,土巴兔APP不管在装修板块还是在家居板块的排名都一直靠前,很多用户通过土巴兔来做装修决策,但是另外一端我们的合作伙伴每天都会与业主进行交流设计,很多时候出了一个图、做了一个方案,遗憾的是业主没有签约。而今天我们的装修企业可以把那些没有签约的投入、作品都展现在平台上,就有机会获取免费的流量。希望装修企业每一次的投入都能够产生价值,不管是否签约,都要让它产生价值。

另外,我们如何把另外一个ai(爱)做好?

泛家居产业是一个存量市场,存量市场和增量市场最大的不同在哪里?**存量市场是因为已经形成了固有的社会关系、价值链、利益链,在这样的一个市场里面,如果你创造的价值只是一点点,那么这个价值只能够让你陷入价格战中,不可能让你有利润。**所以深耕一个存量市场,我们不能只是好一点,我们要好很多,唯有给用户的爱足够多,才能够赢得信赖,所以我们围绕着用户的痛点,也构造出几个引擎。从我们对用户的调查分析中发现,用户已经越来越倾向于整装,用户签约与否的决定性因素就是材料是不是正品、有没有保障,以及施工质量是否有保障。所以我们要全面赋能平台上的装修企业,要有能力做整装。

(3)供应链引擎。

我们发现,土巴兔平台的用户大部分是需要整装的,但依然有很多伙伴把用户做成了半包,这非常可惜。另外一些平台上的装修企业,他们想做整装,但因为个体的量比较小,并没有优势,而做整装其实又需要有整套的能力,所以我们希望每一家装修企业都能够共享到平台规模化的优势,我们会挑选优秀的家居建材、家电、智能家居厂家共同赋能土巴兔平台上几百个城市的数万家装修企业的材料采购。

(4) 口碑引擎。

为什么口碑引擎如此重要？因为我们发现每一个准备装修的用户，他的身后都有一两个朋友正准备装修，所以装修企业一定要重视口碑。如果每个用户装修完，都能够有一个回头客，那我们的获客成本就下降了一半，这是硬实力。比如土巴兔过去这么多年里，利用遍布全国核心城市的线下质检系统来帮助装修企业不断地提升质量，从而获取更多客户。

(5) 数字化引擎。

可能大家也接触得比较多，类似 ERP 系统、云设计、业务、财务一体化系统都属于这个引擎。土巴兔利用数字化技术帮助装修企业提升效率只是一个基础，我们更希望通过装修企业使用土巴兔的数字化基础设施，沉淀下大量的数据，而这些数据将被反馈给装修公司，能进一步提升装修公司的签单量，提高装修企业的服务水平。

我们使用各种 IT 系统的思维不能只从效率节约入手，这条路会越走越窄，我们应该从价值创造入手，这条路会越走越宽。因为今天绝大多数装修企业还是希望自己先解决吃饭的问题，再解决发展的问题。如果我们既能够解决效率的问题，同时又能够打通数据消费互联网，我在后端做的任何一件事都可以反馈到前端让用户看见，这样我们每一次使用 IT 系统都有附加的价值。所以土巴兔的数字化基础设施要赋能装修企业不断升级自己的服务系统，不断提升自己价值创造的能力，从而赢得业主的签约。

希望所有生态合作伙伴以及更多泛家居企业的同仁们一起努力，一起把用户价值放在第一位，一起打造出一个有爱、拥抱人工智能的生态。

装饰行业如何修炼数字化内功

云立方 CEO　丁胜

数字化管理的核心是什么？不是管控员工，而是赋能员工，让员工成为企业数字化合伙人，爆发新的战斗力。数字化管理能力，不在于在线指挥员工，而在于协同网络，只有通过线上实现了新的协同网络，才能实现媲美或优于线下的经营效率。

2020年受到极端疫情环境的影响，各行各业都转战线上，信息化、数字化的改造进程一步步加快。

对企业数字化的重视，已经成为了行业共识。尤其是在疫情的持续蔓延时期，无数从业者重新认知自己企业经营能力的短板，纷纷加入数字化提速赛道，利用数字化、科技化的工具辅助，实现信息数据化、服务在线化、过程标准化。

一、统领全局的企业都在练基本功

在装饰行业有几句俗语流传：成在营销，败在交付；赢在团队，死在管理。其实装修企业难的不是来客,而是管理。行业管理水平较低,企业信息外泄、包庇、隐瞒、坏账、跑单、工地管理混乱、材料混乱等问题层出不穷,使得装修企业协同运营效率极低。同时,在其他行业面对互联网的不断深入,信息化程度越来越高的时候,家装行业中多数企业仍然汇报靠嘴、交流靠吼、结算靠表单、决策靠经验,信息化发展水平稍显落后。

据 2019 年中国建筑装饰协会的数据显示,使用信息化、数字化管理系统的企业不足 8.5%,91.5% 以上的装饰企业没有任何管理系统,处于手工电子表格状态。回归到经营本质,企业无外乎希望解决最基础、最底层的问题:降低成本、提高效率、优化体验。

而信息化水平趋零的装饰企业正面临"天花板",能否突破瓶颈实现飞越,数字化管理成为关键。

二、数字化与组织管理能力,是装修企业发展的一架天平

如果把装修企业的底层经营能力比作一架天平,数字化位于一端,那么另外一端就是组织管理能力,两者缺一不可。从企业角度,数字化解决的是降本增效,各部门内外协同效率的提升,能够通过数字化工具建设风险预警解决方案。对业主而言,数字化就是真正实现所见即所得,报价清晰具体,过程透明可追溯。

而装修的特殊性在于,交易完成后交付才刚开始,等到交付完成后有些情况才能明确,若想要实现数字化,就要将交付的结果前置,价格、设计、产品、用料、工期、验收一切都提前确定。

大多数装饰企业选择数字化的方式,是根据自己的实际情况购买单个系统,自己配置团队或负责人调整系统来适应公司业务的开展,这其中就包含 ERP,实现装修企业、供应商、业主的信息化协调。

三、装饰企业如何修炼内功、开展数字化经营？

什么是数字？是每个月做多少万产值？每天有多少客户？是花出去多少钱？这些只是最基础的数据，要想打破"天花板"，装饰企业还需要用ERP做到以下几个方面。

第一，精细化的运营数据。部分装修企业到年末很难算得清公司每年赚多少钱，其中有一个较为通用的计算公式：毛利－销售费用－财务费用－管理费用＝净利润，但是为什么很多企业算不清楚呢？究其原因在于数据出口太多，各个部门数据不一，无法对应。如来客数、转化率、客单价、人力成本、营销成本、行政成本等数据从不同部门统计会得到不同的结果，甚至有些公司压根就没有统计过。试问这样的状况，企业经营者从何得知净利润是多少，下一步应该如何调整？

第二，智能化的流程管理。对于一套完整的装修业务流程来说，从了解目标客户所在楼盘的信息开始，到第一次客户咨询，到店面设计师咨询、量房测量、出具设计方案、效果图制作、预算报价、签订施工合同、施工管理、质检巡检、施工节点验收、主材选配管理、主材下单、主辅材配送、项目结算、统计报表等流程长，涉及人员多，无序的管理不仅降低运营效率，更容易在实际业务中产生问题，导致客户飞单或较高客户投诉率。规范化的业务流程意义重大，可以有效降低管理成本，提高运营效率。

第三，实时决策融入管理过程。对于任何一家装饰企业来说，企业从起步到飞速发展到规模壮大会经历不同阶段的不同问题，决策的准确性和时效性很大程度上将决定企业未来一段时间的发展。

以上三点在云装天下装修管理系统中如同齿轮般运转，使装饰企业各品牌、各部门数据可以自动生成，实现精细化的管理。例如做到设计服务的信息化、系统报价的标准化、项目进度的可视化、供应链的数字化、1对1管家式服务、日常工作的审批及待办提醒,真正解决了传统手工编制各类报表效率低,信息在各部门之间不流通、不共享等问题。大大降低了企业运营成本,赋能装修企业做好信息化管理、数字化经营,同时也给装修企业业主带来很多便利,让装修企业客户口碑越来越好。

四、数字化,始终贯穿于装修企业的发展

装修企业数字化并不是一个单纯的系统引入,也不是简单的技术问题,而是源于对企业业务流程和管理模式进行升级或重构,更好地连接需求和供给的匹配,因此单点突破是行不通的,它需要各部门协作、全体员工执行、整体业务流程打通及参与用户的配合。否则在装修企业建设数字能力的过程中,很容易因为部门间不同的职责、诉求和协作问题等限制条件造成业务环节孤立,导致数字化推行停滞。这涉及数字化管理系统本身是否"接地气",是否符合装修企业的业务经营。

我在装修公司实干过一线业务,亲身感受到装修企业管理痛点,于是跨界到互联网领域,不断实地研究各类装修企业的业务流程,带领团队运用最新的SaaS云端技术,研发出一套适用于家装、公装、软装、园林、工程等装饰领域相关行业的数字化管理系统。经过全国各地多家装修企业的实操落地,总结出以下三点数字化落地的关键因素:第一,企业要宣贯自上而下的数字化意识;第二,数字化落地前准备要充分,有计划地推进系统实际落地;第三,数字化落地要有目标、有考核。

数字化管理的核心是什么?不是管控员工,而是赋能员工,让员工成为企业数字化合伙人,爆发新的战斗力。数字化管理能力,不在于在线指挥员工,而在于协同网络,只有通过线上实现了新的协同网络,才能实现媲美或优于线下的经营效率。更为重要的是,数字化需求不会随着疫情消散而退却,相反会一直存在,还会催生新的数字化体验,这也是云立方面临的挑战。

我们将不断更新迭代符合装饰市场、满足装修企业实际业务运营需求的数字化管理系统,赋能装修企业实现信息化管理、数字化经营。

"动荡时代最大的危险不是动荡本身,而是延续过去的逻辑做事。"疫情带来的动荡,迫使我们思考和行动。疫情让数据在线化、私域流量等策略调整都更为紧迫,对于企业来说,这也是一个很好的时机,可以把数字化内功练好,把数据资产化、用户资产化这件事夯实,通过数据智能驱动未来更大的增长。

技术赋能家装家居及对行业发展的四点展望

爱福窝创始人、博士 陈伟昌

比较理想的场景应该是：业主根据自己的户型，问答式地输入自己的个性化需求，如装修风格、材料品牌、施工经验、装修预算、颜色喜好、各类功能需求，由云设计供应链平台自动推荐几套方案由业主选择。各类推荐的设计都会经过 BIM 技术做到一次设计全盘输出。

一、技术赋能家装家居

(1) 3D 自动测量形成 3D 模型。

户型测量是设计的基础。目前最为流行的是激光测距仪＋APP，如爱福窝的"量房宝"。利用量房宝可以把户型测量的人数缩减到一人，量房时间从几个小时缩短到半个小时，量房精度也可达到毫米级别。并且其测量结果可以直接同步到云端设计平台，利用网络设计师进行在线初步设计。所测量的户型也可直接输出 CAD 格式文件，以方便在其他方面的应用。这类方式简单、直接且高效，深受设计师和业务员的欢迎。

随着移动时代的到来,户型 3D 测量技术在不断进步。目前国外已经有利用手机测量 3D 户型的技术,只是精度仍然较低,仍不适合室内精确设计。相信在 5 年之内,户型的测量可以利用手机来进行,这样业主的 DIY 设计会变得更加便利。业主利用 5D 云设计软件装点自己家会变得更加普及和便利,家居软装的销售也一定会跟设计平台紧密相连。

(2)智能匹配。

随着 AI 技术的不断发展,室内设计的体验也会更加完善。室内设计的案例或者效果图会越来越丰富,届时业主完全可以通过手机软件或移动终端根据自己的个性化需求,对自家住宅进行快捷便利的智能匹配。

比较理想的场景应该是:业主根据自己的户型,问答式地输入自己的个性化需求,如装修风格、材料品牌、施工经验、装修预算、颜色喜好、各类功能需求,由云设计供应链平台自动智能推荐几套方案由业主选择。各类推荐的设计都会经过 BIM 技术做到一次设计全盘输出。平台也可根据业主不同级别的消费需求进行收费,而皆大欢喜。

(3)数字化供应链平台。

家装离不开供应链。传统的供应链太长,太分散,太浪费。供应链集中化的必然趋势是数字化。目前供应链平台不少,但大都是传统意义上的供应链模式。现代数字化供应链应该是由外向内的营销,而不是传统意义上由内向外的营销。

产品的本质是由需求推动的,供应链也不例外。传统的营销方式,都是通过广告来告知大家某供应链"品种齐全,质量上好,价格最优",这样的营销方式跟业主的真正需求是脱节的。

现代数字化供应链平台必须采用线上和线下,向内和向外相结合的手段。

①线上营销/向内营销(inward marketing)。

通过新媒体,供应链平台自身广告和内容,SEO/SEM,及其他相应的广告手段可以提升品牌影响力。线上的营销更加注重向内营销,因为向内营销是互联网时代的营销特色,即通过自身平台的内容和运营,让潜在用户(业主、设计师、厂商)通过各种端口和手段能在第一时间找到平台。SEO则成了平台营销的一把利器。数字化供应链平台必须具有极其丰富、不断更新、原创、与自身服务密切相关的内容(即所谓内容为王)。在此基础上,不断优化关键词的设置和调整,在用户搜索时,不管用哪类关键词搜索,网站的页面(链接)永远处于搜索引擎结果的第一页或者前三页。这样就能极大地提升潜在用户的获客能力,使得网站的获客成本最低,提升平台的品牌竞争力。

此外,还得利用诸如施工宝、量房宝和导购宝这样的APP,因为施工宝其中一个重要目的就是为了给业主和装修公司或者家居建材厂商提供一个实时交流沟通的工具。而量房宝则通过两年多的营销,已发展了20多万的设计师和工长用户,这为平台的获客和渠道营销也打下了坚实的基础。相信随着导购宝小程序的逐步广泛和应用,平台的品牌影响力会不断提升,获客渠道也更加广泛。

②线下营销/向外营销(outward marketing)。

家装互联网化必然会是一个线上离不开线下,线下离不开线上的趋势。线下营销仍得借助传统的渠道和手段,如传统的展销会、论坛等方式直接面对商家客户。平台可以作为一个科技服务公司,在线下努力发展经销商(或称城市合伙人)服务体系。各地经销商离客户最近,当地资源也最丰富,能更好地服务当地客户,契合了线上线下一条链服务的理念。

二、家居行业发展的四点展望

前文对家居行业的技术助力和发展做了一个很粗略的描述和展望。家居行业的发展仍有巨大空间,但不管如何发展都离不开外界环境的限制和业主需求的推动,至少会有以下几个方面的改变。

(1) 房地产对家装市场的影响。

由于前几十年商品房的大力开发,预计新楼盘开发的数量会逐渐下降,而二手房的装修,或者房子的二次装修和局部翻新数量则会变得越来越大。由于二手房市场的分散性,这给家装服务企业营销带来极大的挑战,所以单个企业的单兵作战会显得软弱无力,必须整合资源,利用互联网或物联网平台,进行智能化营销和服务才是出路。

另外如前所述,新楼盘的整装也是势在必然,因为这符合业主省心、省力、省钱的需求。所以开发商既要会建楼,也要会做室内设计。

(2) 房子必须为业主而打造和设计。

此前政府为了减小房子的空置率,提出了"房子是用来住的,而不是炒的"口号。这个没有错,但问题的关键是,开发商在建房子时是否考虑过用户的真正需求?相信随着市场需求的变化,开发商必须为业主通盘考虑。

①根据当地市场的真实需求来设计楼盘和户型。

利用诸如AIM5D的云设计工具,开发商完全可以在楼盘设计之前对当地用户的需求做个简单的户型图需求调查。比如可以简单地规划几个户型,不同面积,不同布局或不同风格,不同造价。让用户做问答,然后根据用户的实际需求,来进行楼盘设计和建造,这样开发商就能有针对性地建楼,也更容易卖房,同时极大满足当地业主的需求。

②全生命周期房。

中国房价居高不下,普通业主一辈子换几次房的概率不大,所以楼宇设计时,若能让一个房子在以后的不同阶段被轻易改造,满足业主家庭在不同阶段的生活需求,会给业主带来很大的方便。这样当一对夫妻结婚有小孩之时,或父母来同住时,可以根据实际需要很方便地进行改造或局部翻新,以使装修市场长盛不衰。

(3) 智能家居的发展。

随着互联网的发展,5G时代的到来,AI智能家居生活必然会给年轻业主带来极大满足感。如何根据业主自身的需求及习惯量身定制,便成了智能家居制造商的困惑。

智能家居的产品五花八门,利用VR或AR技术有无数个方案,这是智能家居厂商的一大利器,因为云设计之后的一键转换技术已经实现,那么通过云设计进行业主各种量身打造也变成了一个很方便的营销工具,它会给业主带来极大的售前体验,增强了业主购买的动力。

另外通过智能手机进行智能家居管控,也势在必行。那么通过云设计打造的虚拟之家来管控自己的智能家居应该是一个最佳的入口。借此而融合各类厂商的不同标准也是智能家居厂商需要共同努力的目标。

(4) 装修后市场。

国内家装市场据说有4万亿之大,可是没有一家商家占比达到1%,大家都很忙,以至于忽略了家装后市场的开拓。这个市场目前几乎是一片空白,但其容量事实上极为可观。如何利用在装修时为业主打造好的虚拟之家,服务好装修后市场,不容忽视。

装修后市场的需求极大,从家政,到电器的使用、维护,电器故障的诊断,到水电气线路的改造、维护和维修,到软装饰,如诗画、窗帘、灯饰等,不一而足。这些都可以通过虚拟之家的云设计数据,物件的3D模型来实现。

当一个业主带着自己手机里的虚拟之家外出看到一个漂亮的装饰或者诗画时,她可以拍照然后在平台根据图像识别技术来搜索这幅画或者饰品,她能很快知道从哪里购买及价格、放在家里好不好看、多大尺寸合适,放在哪里更好等。由此以后的家居商城应该是由外向内的需求型营销,而不是传统的向外推广,或者说是业主需求驱动型的而不是广而告之式的。

时代在变,需求在变,营销模式必须随之改变,得人心者得天下!

BIM 技术驱动家装数字化升级，实现整装所想即所得

小牛哥董事长兼 CEO　颜传赞

BIM 技术在室内装饰领域如同"杀鸡用牛刀"，换言之，家装 BIM 一定能够支撑起整装业务。

泛家居行业 4 万亿蓝海，一代人又一代人必须经历的大活儿——家装，从原来的自装已逐步演变成半包。随着消费升级，90 后逐渐成为家装决策主力军，00 后闪亮登场，这两代人深受互联网透明化和在线化熏陶，一站式和个性化的消费观让整装的体验优势牢牢占据年轻消费者的心智。

与此同时，整装带来客单价和利润的双双提升，也使得大小家装企业纷纷踏足整装业务。

整装体验三连问：我的家装修成什么样？装修成这样要花多少钱？凭什么能做好？

当遇到决策问题，我们都会用这三句话来反推消费者体验感是否得到提升。回答这三句话的切入点，归根结底是设计、施工和供应链三者协同闭环最终能否实现预算等于决算，即计算机设计能否算准工程量和对应的报价。计算机无法读出的现场施工成本，例如电梯、强弱电移位等一些容易忽

第四篇 科技驱动大家居

略但影响报价的因素是否被考虑？

所以我的家装修成什么样并不仅仅指效果图做得多么精美，而是指消费者想怎么装，计算机能否快速呈现效果，且该效果能够落地到施工交付。

装修成这样要花多少钱？这问题背后考验的是施工和供应链的服务落地性，计算机技术和家装施工技术以及供应链协同技术在此刻需要紧密联合，将三方面经验结合生成一套数字化解决方案。而这不是一个计算机逻辑架构师个人能完成的，也不是一个工地出身的家装企业老板能做到的，恰恰是需要一个具有家装经验又有互联网技术基因的公司来完成。

凭什么能做好？这个问题关键点在于施工质量是否有保障，交付周期是否有延误。在这一环节上则需要通过一套系统去协同工人、项目经理、供应商（供应链）和监理，四方在精准施工图、精准施工组织计划和物料配送计划的指导下，在线协同，并将协同过程和结果（施工日志）对消费者开放，消费者能够查看每天的施工进展，消费者的点评和验收关系到四方利益结算，最终解决消费者对施工过程的种种忧虑。

（1）整装的交易和交付需要数字化能力支撑。

回看家装市场十分可惜，我们发现市面上常见的整装大多数仅仅只是将精装＋软装＋木作＋电器设备相加，通过精装每平方报价快速锁客，这虽然解决了快速签单的基本面，但客户的整装体验仍然是碎片化的。

从如何去解决三连问的维度来看待整装难度，我们发现其准入门槛非常高，想要做好，特别是大批量将可复制的整装产品做好绝非易事，整装和半包的销售和交付逻辑截然不同，整装相较于半包，从设计研发、营销场景到施工管理来看，整装材料协同供应及相应的公司运维体系制度等都更加复杂，对经营者的精细化管理也具有更高的要求，而这都需要被数字化改造。

比如整装的设计能否通过数字化工具在设计时将交付结果确定化？计算机能否计算出一片瓷砖从出厂到加工厂到最终工地现场的最优配送路

径？如今，BIM 技术在大型建筑工地已经经历过大量的实践应用并被证明非常有效，而 BIM 技术在室内装饰领域如同"杀鸡用牛刀"，换言之，家装 BIM 一定能够支撑起整装业务。

(2) 以小牛哥为例解析家装数字化。

小牛哥的数字化 SaaS 系统已经实现从前端营销和设计转化到施工交付管理和材料协同全流程闭环，这其中驱动施工和供应链协同的最大关键点在于设计，我们运用 BIM 技术实现了施工过程的计算机预演，预演后带来的结果能自动生成精准施工图、精准工程量报价。当 BIM 端的设计数据被导入 UE4 引擎后（VR 系统），根据客户预算和风格要求，计算机能自动生成一版所见即所得的效果图，且效果图对应的物料清单能够实时联动供应链库，支撑物料的采购以确保家装效果所见即所得。

与此同时，营销场景也随之改变。设计师和消费者可实现同屏互动，共同确定物料及其价格。从设计户型到生成效果图，正常熟练度的设计师完成这一过程仅需 2 小时，这大大缩短了消费者决策时间；并且整个过程是在三维空间中决策整装方案，而且还是个性化的整装，这与市面上常见的整装 AB 合同体验感截然不同。

BIM 技术可实现施工全过程预演，其中虚拟施工放样技术提前将各节点完成面一笔一线画到现场施工图中，消费者只需打开手机进行效果漫游图和现场对比便可全方位了解自家装修方案。后期各施工环节的交界面也清晰明确，瓷砖加工、木作生产这些均可提前至水电隐蔽工程前下单，这在加快交付周期的同时也大大降低了出错率。

以上仅仅是整装交易场景数字化体现，家装更注重交付结果，整装的交付过程比半包更漫长，材料配送更繁杂，施工工序更多。小牛哥的交付系统能够根据系统初始化设定的施工工期参数结合 BIM 设计数据的预演，自动导出一版精准的施工组织计划，其中精确到什么工种、什么时候到什么物料、做什么工序。工程总负责人和项目经理可利用小牛哥自研的施工管理

第四篇 科技驱动大家居

工具牛大匠 APP 高效化、便捷化地管理工地和工人,从而扩大其管理半径和效率。每天施工员的照片、视频和文字根据既定规则回传,系统通过这些现场施工数据和施工计划实时比对,判断出在施工地健康度,即工期是否拖延、物料是否到位等,实现提前预警施工存在的误工风险。

此外,小牛哥致力于呈现更开放、更透明化的施工全过程。通过牛大匠APP,消费者可实现在线云监工,只需通过手机就可实现掌上实时掌握装修全过程,还能在每日施工日志下留言进行互动,真正掌握家装的自主权。

为了实现家装所想即所见,所见即所得,多年来我们一直在纵向深入研究消费者需求,横向拓展服务边界,以 BIM 为技术突破口打磨产品和服务,完成从交易到施工交付的全流程数字化信息闭环,推动家装数字化升级。

智能建造之工业化内装——装配式装修发展与应用

安徽科居新材料科技有限公司副总经理　肖良宇

把握装配式建筑发展的未来,关键是将一个产品完整的生产过程整合在同一个信息平台上,提高整体生产效率和管理效率,从而降低成本。

一、装配式装修发展基础

2016年9月国务院办公厅发布的《关于大力发展装配式建筑的指导意见》(国办发〔2016〕71号)中,把装配式建筑作为节约资源能源、减少施工污染、提升劳动生产率、提升质量安全水平、发展绿色建筑的先进建造方式,同时把"提高装配式装修水平"作为推进建筑全装修的主要内容。以装配式建筑为代表的新型建筑工业化快速推进,建造水平和建筑品质明显提高。

按照国家总体部署,住房和城乡建设部稳步推进装配式建筑发展,指导各地出台相关政策措施,相继编制了《装配式混凝土建筑技术标准》《装配式钢结构建筑技术标准》《装配式木结构建筑技术标准》和《装配式建筑评价标准》等标准规范,装配式建筑技术体系日益成熟。通过认定一大批装配式建筑示范城市和产业基地,建设一定规模的试点示范工程项目,为全面推进新型建筑工业化奠定了良好的发展基础。

党的十九大以来,"创新、协调、绿色、开放、共享"的发展理念深入人心,我国经济发展进入新常态阶段。建筑产业现代化发展目标的确立,大力发展装配式建筑,为传统建筑业转型升级带来契机。

二、装配式装修的优势

装配式装修是指主要采用干式工法,将内装部品、设备管线等在现场进行组合安装的室内装修方式。室内装配式装修是装修建造方式的产业升级,通过应用设计、建造一体化的方式,统一内装部品标准与连接,在注重设计、成本与效率的同时,也更加注重工业化的生产、装配化的施工和信息化的管理相互整合与衔接,更好地实现在不同建筑应用领域中个性化需求的融合。

室内装配式装修的建造方式具有以下优势。

(1) 装配式内装是实现全屋装修的最佳方案,包括设计前置、装修一体化、工业化生产。将室内装修的生产与安装过程整合在同一个信息平台上,把内装当成一个产品生产过程,可以实现产品的全生命周期管理。

(2) 工业化生产有效提高了整体生产效率和管理效率,节省了大量人工和管理费用,降低了成本,有利于加强质量安全管控,大大缩短建设周期。

(3) 内装部品的工厂制作,现场的干式作业,最大限度保证产品质量和性能。

(4) 集约化的生产与施工,节能环保,减少原材料的浪费,施工现场大部分为干式工法,减少噪声、粉尘和建筑垃圾等污染。

(5) 便于维护,降低了后期的运营维护难度,为内装部品更换创造了可能。

（6）工业化生产的方式有效解决了施工生产的尺寸误差和模数接口问题，在产品实用与美观上做了有效的提升。

三、装配式装修主要组成

（1）内装部品：由工厂生产的建筑内装单一产品或复合产品组装而成的内装功能单元。

（2）管线分离：将设备与管线设置在结构系统之外，并将之集成。

（3）架空层：承重墙、柱、楼板、隔墙表面架设一定高度（厚度）的空腔层。

（4）装配式隔墙：采用干式工法，在工厂生产、在现场组合安装而成的集成化墙体。

（5）装配式墙面：墙面基层上，采用干式工法，在工厂生产、在现场组合安装而成的集成化墙面，由连接构造和面层构成。

（6）装配式楼地面：采用干式工法，在工厂生产、在现场组合安装而成的集成化楼地面，由可调节支撑构造和面层构成。

（7）装配式吊顶：在工厂生产、在现场组合安装而成的集成化吊顶。

（8）集成卫生间：地面、吊顶、墙面、洁具设备及管线等通过设计集成、工厂生产，在工地主要采用干式工法装配而成的卫生间。

（9）集成厨房：地面、吊顶、墙面、橱柜、厨房设备及管线等通过设计集成、工厂生产，在工地主要采用干式工法装配而成的厨房。

（10）干式工法：采用干作业施工工艺的建造方法。

（11）穿插施工指在结构施工阶段，对结构工程进行分部位验收，并在已完成验收的部位开展外围护工程、设备与管线工程、装修工程。

第四篇 科技驱动大家居

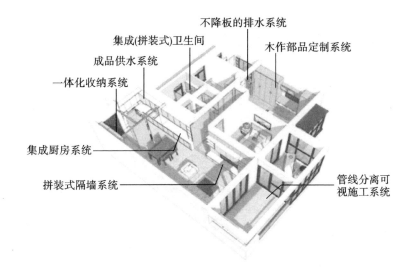

装配式装修主要组成部分

四、装配式装修技术规定

（1）居住建筑室内装配式装修工程应与建筑、结构、设备一体化设计。

（2）居住建筑室内装配式装修工程应坚持管线分离的原则，保证使用过程中维修、改造、更新、优化的可能性和方便性，延长建筑使用寿命。

（3）内装部品应遵循标准化、模数化、通用化以及集成化的设计原则，满足生产工业化、现场装配化的要求，以提高其通用性和互换性。

（4）居住建筑室内装配式装修工程宜采用穿插施工。

（5）原材料的品种、规格、质量应符合设计要求及国家现行有关标准的规定，应选用绿色、节能及环保材料。

（6）居住建筑室内装配式装修工程宜采用分户验收或分阶段验收，室内环境应符合各省的相关标准规定。

（7）居住建筑室内装配式装修工程应符合《无障碍设计规范》（GB 50763—2012）相关规定。

五、装配式装修技术体系构成

（1）装配式隔墙系统。

①装配式隔墙应与相关结构连接牢固。

②装配式隔墙宜采用集成饰面层的装配式隔墙。

③装配式隔墙宜采用墙体内有空腔的装配式隔墙，可在墙体空腔内敷设给水分支管线、电气分支管线及线盒等。

④装配式隔墙需要固定或吊挂物件时，应采取可靠的固定措施。

⑤水、电、燃气、通风和空调等管线安装及开洞处理穿过装配式隔墙时，孔洞周边应采取密封隔声措施，并应符合现行国家标准《民用建筑隔声设计规范》(GB 50118—2010)的相关规定。

（2）装配式卫生间成品。

①集成卫生间应采用可靠的防水设计，楼地面宜采用整体防水底盘，门口处应有阻止积水外溢的措施。

②集成卫生间宜采用干湿分离式设计。

③集成卫生间的各类水、电、暖等设备管线应设置在架空层内，并设置检修口。

装配式装修技术体系构成

④集成卫生间宜采用同层排水。

⑤集成卫生间应进行补风设计。

⑥设洗浴设备的集成卫生间应做等电位连接。

（3）装配式集成厨房系统。

①集成厨房橱柜应与墙体可靠连接。

②橱柜宜与装配式墙面集成设计。

③集成厨房的各类水、电、暖等设备管线应设置在架空层内，并设置检修口。

④当采用油烟水平直排系统时，应在室外排气口设置避风、防雨和防止污染墙面的构件。

（4）装配式内装部品（木作部品定制系统集成）。

①整体收纳。

a. 应根据基本功能空间布局及面积、使用人员需求、物品种类及数量等因素进行设计。

b. 应采用标准化、模块化一体化的设计方式。

c. 应采用标准化内装部品。

d. 整体收纳所用板材和五金件材料性能应符合现行国家标准的规定。

②内门窗宜选用成套化的内装部品，设计文件应明确所采用门窗的材料品种、规格等指标。

③窗帘盒（杆）、窗台板、顶角线、踢脚线、阳角线、检修口、户内楼梯、护栏、扶手、花饰等部品应与室内装配式装修集成设计。

④其他内装部品宜选用满足干式工法的成套化产品。

六、装配式装修发展趋势

要突破装配式装修当前的困境，应该从以下方面着力破解。

（1）完善体系，发挥集成效应。把握装配式建筑发展的未来，关键是将一个产品完整的生产过程整合在同一个信息平台上，提高整体生产效率和管理效率，从而降低成本。加强质量安全管控，制定相关标准，保证品质，获得社会认可。

（2）政策推动，规模发展。政策推动力度还需进一步加大。成本高归根结底还是因为规模小。装配式装修整体规模扩大，模具利用率高，构件成本便能降下来。项目密度大，运输成本便可控。

（3）做强试点，广泛示范。现在社会对装配式建筑不太认可，关键还在于不了解，政府可牵头开展示范基地评选，并在示范基地组织质量、成本、效率等专题论坛交流，向社会广泛解释推广。此外，还可依托示范基地开展技术攻关试验，整合上下游资源，也将对技术升级、资源集成起到推动作用。

如何破解窗帘行业的个性化定制与规模化供给的结构性矛盾

泛米科技(上海)有限公司董事长、帘盟创始人　赵谦

窗帘行业的定制化产品仍然占据90%以上市场,而定制化需求与规模化供给之间存在结构性矛盾,如果不能形成规模化生产交付,生产效率就无法大幅提升,无法形成新的社会化分工,就注定很难形成龙头企业。

谈窗帘产业升级发展,离不开说家纺用品产业情况。我国家纺用品产业的初期发展得益于国际家纺产业结构的调整,由于劳动力成本等因素,欧美等发达国家的家纺面料加工业向发展中国家转移,我国家纺面料制造行业紧抓机遇得以快速成长,企业数量急速增加。

20世纪80年代以来,我国家纺面料企业起源于广东,逐步集聚于江苏、浙江一带,并形成了江苏南通、浙江绍兴、嘉兴、临平等区域化集群式分布格局,生产量和出口量均占世界首位,奠定了全球家纺面料用品产业生产大国的地位。

伴随生产技术的日益成熟和知识水平的提升,我国企业从初期的低附加值代工环节,逐渐进入附加值更高的研发和设计环节,并涌现了一些发展自有品牌的面料制造企业。但绝大多数窗帘面料的制造企业仍然相对分

散,规模和品质参差不齐,作为家纺面料下游的窗帘加工工厂,仍然以"小作坊"加工的方式提供服务。我国窗帘市场品牌寥寥无几,"大产业、小企业"是中国窗帘产业有别于发达国家的特点。中国布艺窗帘总产值占世界窗帘总产值的70%,与此形成鲜明对比的是,窗帘业缺乏行业巨头。在许多大大小小的窗帘制造企业中,很少有企业能占到1%的市场份额。

然而,近几年随着家装业务整装化发展趋势,以及房地产市场的精装交付,窗帘行业发展将会迎来结构性发展红利。根据行业协会市场调研报告,轻软装市场容量超过万亿,且市场容量年增长率超过15%;**窗帘面料及成品加工市场规模已达到1563亿元,随着客单价和频次的增加将突破2000亿元;**随着中产阶层人数大幅上升,装饰装修类消费升级需求明显,窗帘等软装行业属于刚性需求,存在消费升级的爆炸式增长趋势。

目前整个窗帘行业发展都还处在混沌阶段,专业社会分工还没形成,但需求急剧增长。而且窗帘行业又有它的特殊性,定制化产品仍然占据90%以上市场,而定制化需求与规模化供给之间存在结构性矛盾,如果不能形成规模化生产交付,生产效率就无法大幅提升,无法形成新的社会化分工,就注定很难形成龙头企业。这就是典型的生产力决定生产关系,**高效的生产力决定简单的生产关系,低效的生产力决定复杂的生产关系。**

因此,低效的生产力决定了窗帘行业分散而低效的市场现状。我认为窗帘行业制约发展的主要矛盾是:**消费者个性化定制需求与生产端规模化加工供给的结构性矛盾。**消费者个性化定制需求是不可逆的趋势,那么,如何能高效满足消费者个性化需求的柔性化供给?解决好这个问题,可能就会找到这个行业发展的秘钥。市场缺的是高效稳定的优质供给。

窗帘产品能够实现规模化生产吗?能实现优质供给吗?

做衣柜、橱柜的全屋定制行业给了我们答案,全屋定制行业近20年的高速发展,已经有20家上市公司,有的已经达到几百亿市值。2003年我上海第一套房子装修,至少那个时候我还没听说全屋定制行业,家里的橱柜和

第四篇 科技驱动大家居

衣柜都是装修公司木工现场做的,我记得橱柜门板都是自己到建材市场买的。

短短十几年时间已经有很多企业的销售额达到几十亿规模,其中像索菲亚、尚品宅配,市值都已超过或接近200亿,都是在工信部挂号的典型工业4.0代表企业,都大量运用互联网、物联网技术,柔性定制实现规模化。一旦实现规模化,销量开始大幅提升,行业开始高速发展。

因此,依托互联网、物联网、大数据、云计算、5G等新兴技术,大规模生产与个性化定制的深入融合逐步从理论走向实践,大规模个性化定制已经深入社会生活中的衣食住行各个方面。定制真正"大规模化"后行业才可能出现龙头和品牌企业。

我国政府近年多次发文鼓励消费升级,鼓励创新供给,释放消费潜力。《国务院关于积极推进"互联网+"行动的指导意见》(国发〔2015〕40号)明确提出,支持企业利用互联网采集并对接用户个性化需求,推进设计研发、生产制造和供应链管理等关键环节的柔性化改造,开展基于个性化产品的服务模式和商业模式创新。2016年国务院的政府工作报告中更是将"着力加强供给侧结构性改革,加快培育新的发展动能,改造提升传统比较优势,抓好去产能、去库存、去杠杆、降成本、补短板"列入重点工作,要求努力改善产品和服务供给,提升消费品品质,"鼓励企业开展个性化定制、柔性化生产"。

国家正在大力推动供给侧改革,通过供应端的人工智能化发展,淘汰落后产能将会是趋势。行业急需通过"互联网+"、人工智能、大数据,实现供应链整合和效率提升,降低行业整体成本,提升服务品质,完成传统产业升级需求。**窗帘产品属于个性化定制产品,个性化柔性定制行业符合加工制造业的供给侧结构性改革要求,符合政策倡导和鼓励的方向。**

个性化定制将消费者这一关键要素引入产品设计之中,不仅拓宽了企业的创新思路,使其产品更具针对性,同时还能够有效激发市场活力和社会创造力,充分发挥企业在资源配置中的主体作用,促使单个效率加工"作坊型"制造企业摒弃低贡献、低质量、低需求产品,加快装饰布艺行业淘汰低效加工产能、去除"劣质产能",促进生产要素在产业中的优化配置,加速优胜劣汰,避免"劣币驱逐良币",进而推动布艺窗帘加工制造业结构的进一步优化升级。

在行业方面,家纺用品与家庭装修、全屋定制、局部家装、家居用品等行业高度相关,随着近些年的发展,零售端竞争充分,随着人力资源、租金、获客成本大幅度上升,为争取更高客单价,这些相关行业竞相与家纺用品合作;另外,绝大多数以单品经营的建材店铺也急需更高效供应链支持运营,一时间供低于求。大规模进行个性化定制需要运用大数据、互联网、物联网技术的应用链接全国云工厂,并依赖智能自动生产线,就硬件方面而言,为了进行个性化定制生产,企业的生产线须进行自动化改造,以满足软件开发能力需求比较强,客户满意度大幅度提升的要求。这种企业与消费者共赢的经营模式有助于全行业降低库存,减少低价策略引发的无序竞争,是窗帘行业的发展趋势和产业升级的发展方向。

成立于2016年4月的"帘盟",是一站式以窗帘为核心品类的泛家居用品智慧供应链解决方案服务商,多次获得政府创业创新基金奖励,并获得上海市"专精特新"中小企业和上海市重点培育创业企业称号,是窗帘行业内唯一获泽厚资本、险峰长青两轮资本机构投资企业;与金螳螂家、齐家、多乐士、杜邦壁纸、中海物业等上千家家装市场参与者建立全国战略合作关系;旗下拥有500多家优质原材料供应商资源,5万多款商品以及3000多家线下服务网络,业务覆盖一线至六线500多个城市,拥有窗帘行业首个智慧柔性定制超级工厂。创始核心团队源于世界窗饰产品第一品牌跨国企业原中国区高层管理团队,拥有近二十年窗帘行业从业经历,凝聚原阿里巴巴、易居中国等上市企业互联网技术、运营高端专业人才。

第四篇　科技驱动大家居

自成立伊始，"帘盟"就以运用科技，推动窗帘行业信息化、数字化、数据化、人工智能化发展，提升全产业链运营效率为公司使命，推动行业信息化发展多年，为行业多角色参与者提供信息化、互联网化服务，逐步实现由孤岛式信息网络到互联互通，具有较强先发优势。公司以窗帘个性化定制为主营业务，借助互联网、物联网、大数据挖掘与分析等技术手段，通过工业化大规模生产的方式制造出符合客户需求的个性化定制产品，切实践行信息化、数字化、数据化、人工智能化在制造领域的深度融合，是国内窗帘行业智能制造模式的践行者。

布艺窗帘个性化柔性定制是数字化、信息化、互联网化、人工智能化与工业化结合利用的产物，体现了制造业追求卓越、精益求精的工匠精神，符合国家在经济新常态下提出的产业转型升级、提质增效要求，符合国家推进"中国制造＋互联网"和建设制造业创新平台的倡导，与国家增品种、提品质、创品牌的发展思路一致。

当前的政策和形势为产业升级发展提供了良好的外部环境与机遇。个性化定制提高了供给体系的质量和效率，是供给侧改革的切实实践。**在未来，重整消费层次、重塑消费环境、重建消费逻辑，使消费者的意愿和需求得到充分满足和尊重，为消费者提供愉悦的个性化定制体验，是消费升级及供给侧改革背景下的必然趋势，也是产业长远发展的根本所在。**

工业互联网助力家居制造业转型升级

大隈中国总经理、青岛富佳科技总经理　崔健

未来的家居企业,在工业互联网大潮来临的时候,如何找准自己的生态圈,找准自己在生态圈的定位,是一个关乎企业生存的问题。同时,找准自己的位置也就找准了企业转型升级的关键。

一、家居制造企业所面临的困难

跟国内所有制造业企业一样,木门、橱柜、家具、定制家居等硬装产品生产企业的困难主要有以下几点:生产成本高,企业利润低,企业负担重,产能过剩。

从政府指导部门意见来看,淘汰过剩产能,坚持可持续发展是企业转型升级的主旋律。

二、家居制造业的现状诊断

家居行业有着4万亿~5万亿的市场规模,承载着人们的住房需求,地

位举足轻重。家居行业是我国传统行业,从业人员众多,门类复杂多样,发展水平参差不齐,这也从侧面反映了行业还处于发展的初级阶段,改造升级的空间巨大。

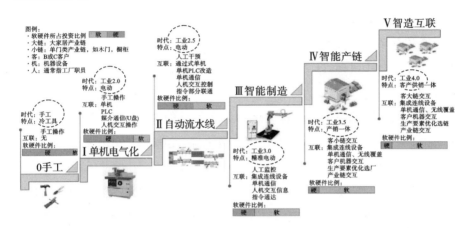

家居制造业的发展历程

以木门行业为例,我国木门制造业大部分还处于工业2.0~3.0时代,距离工业4.0时代还比较远,主要原因有以下两点。

①**从业人员平均受教育水平低**。相较于电子、机械、家电等舶来工业体系,传统家居制造业从业人员受教育水平较低,这极大地阻碍了行业的工业化进程,尤其是信息化人才缺乏,实际迈入工业3.0时代的企业总量也不多。

②**制造体系不规范**。不同于舶来工业,家居行业没有规范的标准化的制造体系,大部分企业都是摸索前行的,另外缺少高端制造人才的加盟,以及原材料和供应链体系不规范,使得家居制造体系也很不规范。

三、来自人文和自然的挑战

从**人文视角**来看有以下几点变化。

①**房住不炒理念**。激发了租赁市场活力,同时也把传统的6~10年装

修频率提高到2～3年,对市场交付提出了更高的要求。

②安全卫生的要求。无论是"非典"还是新冠肺炎疫情,都对居住空间的安全卫生提出了更高的要求,人们更加注重材料的环保,关注装修是否满足通风、卫生安全的要求。

③建筑理念的变迁。建筑主体框架(S)要求寿命为100年,而日本已经提高到了200年目标,内装(I)的填充要求快速交付、低成本,适合较高频率更换理念。

④个性化和规模生产。新生代对生活品质的要求越来越高,个性化越来越强,与之相反的是投入成本却越来越少,因此解决个性化要求和量产这个矛盾就被摆上桌面。

⑤物质极大丰富。不同于60年代群体,作为消费主力的新生代90后的消费理念发生了很大的变化,环保、便利、功能、风格、体验、互动等关键词排列靠前,让我们制造业不得不思考如何应变。

从**自然视角**来看有如下变化。

①绿水青山论。习主席的"两山"讲话高度概括了今后企业的生态发展理念,污染环境、高能耗、破坏自然资源的发展方式已经一去不复返。

②可持续发展。常用的木材资源越来越匮乏,国外不符合FSC标准就不允许生产,因而国内的林木资源管理也越来越严格。由此可以相信,结构稳定、理化指标好、符合可持续发展理念的单板集成材一定是未来的家居行业的主流材料。

③林木资源的变化。贵重树种交易量会越来越少,桐木、杨木、桉木等速生经济林的种植会越来越多,也会越来越有市场。以此为原材料的单板集成材会越来越多,这将为规范统一木材的标准规格做好铺垫。

四、家居工业互联网平台的诞生

面对制造业的诸多困难,以及人文和自然的变化对我们的压力,加之行

第四篇　科技驱动大家居

业本身发展的欠缺和不规范,依靠工业互联网技术来转型升级成为必然。

工业互联网——通过开放的通信网络以及服务平台,把设备、生产线、员工、工厂、仓库、供应商、服务商、产品和客户等生产关联要素紧密地连接起来,共享工业生产全流程的各种要素资源,使其数字化、网络化、自动化、智能化,从而实现效率提升和成本降低。

随着生产力的发展,生产关系必然要改变来适应生产力的发展,因此我以社会再生产的四要素——生产、消费、交换、分配——为主要元素做了一个模型,称为缪斯模型。

缪斯模型把生产、消费、交换和分配四要素数字化、平台化,通过四要素的相互矩阵关系勾勒出工业互联网背景下的家居行业新业态、新模式:

1.体验
亲眼所见,实时画像,基于消费和产品场景,消费互联网的升级换代

2.互动
与制造商而非销售平台互动,更直接,体验更好,参与感更强,更方便,智能工业标配

3.大规模个性定制
个性化,为你定制Made for you,提升产品价值,解决利润难题,降低制造成本之利剑

4.趋势预测
根据订单,预测未来产品趋势,提前计划生产,结合智能化产品,打造产品即服务的模式

5.产品全生命周期
给客户提供可追溯服务,轻松进行多年前订单产品的原材料及生产工厂的追溯,以进行可替换服务

6.弹性产能
供应链企业增多,抵消订单波浪风险,破解"撑死"与"饿死"的业界难题

7.共享制造
高端设备,低频设备分享使用,降低成本,降低创业门槛,优化增效产业链

8.超级供应链协同
产业、产品、部品级别高度数字化的供应链分解结构让协同工作得心应手

9.智能销售服务
根据客户购买产品时间年限、产品迭代需求客户进行二次销售。预测性维护及销售场景

10.维保自善
基于MES的设备保养更新计划以及预测性维护,打造工业服务新网络、新的万亿共享经济

11.自动供需耦合
标准化、离散化、规模化、数字化带来的供需自动交易对接,让企业合作更智能

12.工业大数据
大家居行业门类齐全,包括多个子行业,涉及生活的方方面面,是一个数据宝藏

缪斯模型

缪斯模型打造了大家居行业制造商、服务商、用户和价值分配的数字化交流平台,是一个去中心化的协同服务体系,具有**无界**扩展的超级供应链能力和体现参与者价值的**有价**理念以及讲究规则规范的**有序**运行机制理念的平台。

五、工业互联网如何改变企业

如下图所示,工业互联网技术平台的出现,解决了目前家居制造行业的几个大问题。

工业互联网技术平台解决家居制造行业面临的三大问题

首先是规范规格问题。打通了企业之间的交流障碍,把标准化、通用化的交流文档 SaaS 服务化,比如商谈、报价、签约、应收应付等。同时也解决了企业经营管理层和生产管理层的组织架构数字化沟通,使得企业之间合作协作变得更加容易;把企业经营者之间的合作意向落实到现实生产中去,而不是只局限在口头上。

其次,工业互联网技术平台解决了企业之间的超级供应链以及订单的自动化、智能化处理问题。我提出超级供应链的概念,主要是想区别目前的第二代利用互联网技术改造的智能、智慧供应链体系,超级供应链应该是工业4.0时代的标配供应链,实现**产业、产品和部品的数字化贯通表达**是它的首要特征。基于生产制造线的设备、班组、工艺、流程、工序和原材料等要素的 WC 模型,完美地实现标准化产品生产和定制化、个性化产品的快速量产,融合技术以及工业设计工具是实现超级供应链的技术基础。

基于超级供应链技术,首先受益的应该是订单的自动化、智能化处理。它解决了订单的分发延迟、技术交底拖后、集团产能分配不均衡、订单跟踪不及时、订单完成信息不完整等诸多问题,可以大量地节省处理订单的业务人员,减轻关键岗位的工作量,带来划时代的效果。

最后,工业互联网时代,家居企业的卖场应该就在相应的工厂。 高度互联的场内场外网络环境、5G 技术带来的低延迟效果,以及超级供应链技术都会改变产品销售场景。以京东、天猫为代表的第三代消费互联网不会终结,而是需要升级到第四代。以体验和互动为主题的工业互联网消费平台(U2M)时代,用户不仅能感受到购物的极致体验,而且还能参与购物全过程互动,享受工业互联网时代的购物生活。

六、工业互联网背景下的家居企业产业生态

社会分工细化是社会发展的重要标志。随着社会的发展,垄断企业的出现也不可避免,根据行业的发展规律来看,行业的前三名一定会占据行业的大部分市场份额,即使家居行业庞大无比,也逃脱不了这个时代和社会发展的命运规则。

因此,将来企业的竞争应该是以一家或几家头部企业为龙头形成的企业集团的竞争,企业之间不单是股份的持有,更重要的是分工的细化,以及紧密的供应链联系,实现从接单到交付以至客服的全流程分工协作,简单地说就是专业的公司做专业的事情,以便降低成本、提高工作效率、扩大规模效益。

这样的企业集团,也叫企业生态圈、产业生态圈或者产业园区。国内目前绝大部分园区以及企业生态圈没有实质的合作内容,而做成了靠工业地产或者配套的商业地产赚钱的模式,积极一点来看,这些园区今后可以作为

工业互联网的实体平台,我很期待这一点。

如下图所示,依据工业互联网平台模式经营管理的企业生态圈,结合我的测算,基本上,一个平台(一个企业生态圈)4 年可以成长为具有 2000 亿规模产值、300 家核心企业、15000 家生态企业。按照每个省份有两到三家头部企业平台运营的要求来看,未来全国应该有 20～25 家平台企业容量。沿海省份会多一些,一个省级行政区可能有 4～5 家,内陆地区省份可能一个省份只有一家,会少一些。

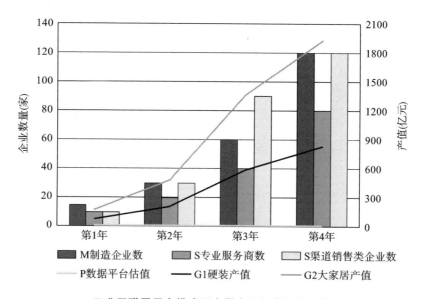

工业互联网平台模式下家居企业经营数据测算

未来的家居企业,在工业互联网大潮来临的时候,如何找准自己的生态圈,找准自己在生态圈的定位,是一个关乎企业生存的问题。同时,找准自己的位置也就找准了企业转型升级的关键。

海尔首席执行官张瑞敏说过:**只有时代的企业,没有伟大的企业**。未来的家居制造企业要想生存、发展,必须重视生产力发展引起的生产关系的改善。顺应发展潮流,及时调整自己的步伐,跟上时代的脚步,才能逆势增长,大展宏图。

说明：文中家居制造业的"家居"是指大家居、泛家居、家装行业；"制造业"指的是硬装、软装、家具、黑电、白电、智能化等装饰装修建材产品制造企业，我的这里特指硬装制造企业。

后记

从作品到美好作品、再到灵魂作品的路还很远

坦率地讲,这本书一般。

有的文章确实不错,也有几篇质量不高,原本想去掉,但是是我定的选题,找人家约的稿,碰的提纲,自己也改了不少,那就勉强上吧。

作品、美好作品与灵魂作品

我将我的书划分为三个阶梯:一阶梯是作品,属于畅销书,但深度和系统性不够;二阶梯是美好作品,更深、更系统、落地性更强;三阶梯是灵魂作品,理论指导性更强,对从业人员和行业发展有较大影响。

"中国家装家居经典"是个系列,后面还有《踩过的坑:中国家装家居经典经营哲学》《口碑重塑:中国家装家居经典营销案例》等,但这些书只能算是作品,包括之前的"实践论三部曲"(《"颠覆"传统装修:互联网家装的实践论》2016版,《"颠覆"传统装修:互联网家装的实践论(第二版)》2017版,《装修新零售:家装互联网化的实践论(精编版)》2020版),还达不到美好作品。

美好作品的理论体系更系统,更深入,并能一定程度指导企业落地,比如后续上市的《装修口碑怎么来:重塑用户体验场景》,讲以用户体验为家装的第一性原理,如何从用户接触到售后服务的全流程口碑打造;以及《跨界创新:寻找家装家居业增长的15个关键点》(拟),化繁为简,从零售业、餐饮业等先进行业里找到家装行业变革的逻辑、方法和路径。

灵魂作品算是金字塔塔尖的作品,人一辈子仅有的一两件作品,经得起时间的检验。比如《创新者的窘境》就是"颠覆式创新"之父克里斯坦森教授的灵魂作品;《白鹿原》就是作家陈忠实44岁开始创作的灵魂作品,"一本死了以后,可以放在棺材里垫头作枕的书"。

我的灵魂作品是什么呢？可能会是《大家居的窘境——从增长模型到商业模式的方法论》(拟)，也可能是其他的书，没个三五年的沉淀和打磨出不来，前提是认知击穿了阈值，这太难了。但对我和知者而言，紧跟行业发展"助力大家居走向美好"，十多年要是没个灵魂作品，这一生就和行尸走肉无异。

深入行业，扎入企业

情怀也好，使命也罢，有时就得给自己打打鸡血，因为这一路太孤独，坚持太难了。

还好，知者研究一步一步在往前走，从第一阶段"专注家装家居产业融合，关注企业经营决策，聚焦行业创新发展"的研究阶段，即 2015—2020 年初步完成了专业能力及影响力的积累。

从 2020 年下半年开始，知者已转型为专注大家居产业融合研究的品牌战略咨询公司，立足家装面向材料部品企业，做战略咨询和品牌定位。

当装修企业渠道崛起后，材料部品企业面临渠道大变局时，需要重新审视战略方向，找准品牌定位，针对性制定产品策略，并能有效在新兴渠道落地，这就是知者的咨询业务。

越来越深，价值也越来越大！如果没有深度参与企业的战略、品牌和经营，估计到美好作品就戛然而止了，更不会到灵魂作品。

家装家居产业的大变局，我们能成为见证者、参与者，这是一件幸事。

我们一起助力大家居走向美好，一起进步！

穆峰

2021 年 7 月 16 日

致谢

感谢以下品牌及公司对本书上市的支持

AUPU 奥普：一站式智能空间解决方案

1993年，一位父亲为了家人冬天洗澡不再寒冷，创造了第一台奥普浴霸，此后改变了国人千百年来的沐浴方式。奥普秉承"为爱设计"的理念，创造了奥普 MAX＋系列大板、奥普集成墙面、奥芯家族系列电器、奥普全功能阳台等核心产品，形成了以吊顶、墙面、电器、照明为核心竞争力的品类矩阵。

通过人性化设计、多功能品类的有效融合，同时依托奥普特有的快装服务保障系统，提供了"一站式智能空间解决方案"，为新一代消费者带来多样化的顶、墙、地立体式空间服务：浴室空间、厨房空间、阳台空间、客餐厅空间、卧室空间等，打造功能与美学兼具的理想家居时尚新空间。奥普家居于2020年1月主板上市。

C＋装饰：环保家居创造者

C＋装饰集团成立于2008年，是集设计、施工、监理于一体化的国家丙级资质企业，拥有12000多平米的"一站式精品家居体验馆"，设有客户信息管理中心、设计研发中心、施工交付中心、售后服务中心等相关部门，资深设计师50多位，工程队100个左右，配有金牌施工队、工程监理。为用户提供在线报修，VR装修实景体验，五金、电器、家居、软装等一站式服务。

以"环保家居创造者"为理念，始终贯彻材料三级监控、三级检测，确保环保第一；恪守套餐价格零增项的承诺；遵循质量不达标"必砸"的验收准则；逐步形成C＋装饰过硬的施工管理体系和品质保障。

意大利 COES：100％欧洲纯进口高端水管

意大利 COES(酷思)始于1965年,是全球领先的流体控制系统安全设施供应商,在全球有13家研发生产中心。总部位于意大利米兰,是意大利米兰证券交易所和全球第一的 BATS 交易所上市公司 SERI INDUSTRIAL S. P. A 集团的全资子公司。由最先进 ENGEL 设备生产保证品控,产品先后获得欧洲最美设计奖、配件实用奖。多项发明专利荣获全球众多国家权威认证。

COES 在过去的55年里,一直致力于各类高、中、低压的流体导向控制管道及配件的生产和研发。产品遍及全球市政工程、食品、医疗、建筑、军工、邮轮等领域,与城市人家装饰、世茂集团、碧桂园等国内知名设计公司及大型房地产商达成战略合作协议。欧洲大型连锁建材商超 BRICOMAN 同步产品,是顶级奢侈品牌 LV 合作商。

咋装云：泛家居全渠道新零售解决方案服务商

以技术驱动让企业实现业务高效增长为使命,咋装云致力于泛家居家装企业新零售 SaaS 系统开发,为企业搭建专属 PC 端＋APP＋小程序＋3D 云设计＋私域直播系统,实现真正所见即所购。

基于泛家居行业的全链路客户销售服务场景,咋装云助力企业连锁门店实现终端本地化客户经营,导购销售数字化赋能,赋能泛家居企业实现 B2B2C 全链路运营;以人为中心提升经销商私域流量转化,整合15万＋安装师傅为企业链接最后一公里服务,满足企业从单点应用到全渠道闭环应用的需求;并为企业沉淀所有交易数据,以及用户行为分析,形成数据闭环,提供了全方位的数字化解决方案。

致谢

欧标建材：一站式装修辅材整体配送平台

欧标建材集团，是一家专业提供高端品牌装饰辅材的一站式仓储整体配送全国连锁公司，专注服务于头部家装公司。整合全球辅材品牌，有全球500强企业"圣戈班"石膏建材系列、中国知名品牌美易平系列产品、北新建材、荷兰飞利浦、英国易顿防水、凯弗森水管等知名品牌。

公司始终秉承"客户至上，品质服务"的宗旨并成为各大知名装饰公司及服务第十四届全运会全运村等大型地产万科、万达、恒大、融创等工装项目核心供应商。现公司分布西北、西南、华中地区，陕西、河南、四川、甘肃、青海等分公司成立了西部最大的优联达建材供应链平台，并孵化了一站式辅料配送装小哥互联网平台。

美家云创：以线上为核心的全品类新锐家居企业

美家云创是一家以线上为核心的全品类新锐家居企业，2018年成立于广东。公司始终主打审美崛起的新中产人群消费，通过持续开发的细分产品线，在家的大场景下，为用户的"美"好生活提供全套解决方案。

美家云创——美是理念，家是载体，云是特征，创是状态。美家云创首席产品官 Sunny 解释说："为什么好产品价格都高高在上？我们一定可以想办法，为用户提供更物超所值和更有惊喜感的家居产品。"

KAN 肯森：欧洲管道连接技术制造商

KAN 肯森集团总部位于德国特罗斯多夫，是欧洲大型的管道连接技术制造商，集团年产值30亿欧元。20世纪末，德国莱茵河畔科隆旁的特罗斯多夫小镇上，一位叫 Jerzy Kaczan 的年轻水工基于工作中对于市面上各个管道系统产品的不满以及一颗想要创造出更优质、更健康、更环保的建筑管道系统解决方案的初心，与兄弟三人一起在一个车库内创办了肯森公司。

肯森进入国内多年，拥有完善的全国代理商服务体系，厂家代表西蒙先生也常驻国内全力支持客户市场活动,目前国内主要销售:高性价比的PP-R水管、德国主流的LBP压接水管以及316L不锈钢水管。

小米优家:第三方家装监理

小米优家成立于2016年,创始人任文杰2001年从事装修行业,一直在交付后端坚守阵地,在B端服务上下功夫,他认为好的产品及客户体验离不开交付体系建设。

小米优家倡导"监"与"管"有机结合,推动装修企业工程预控管理数字化建设,工人共享模式建设,预设服务场景建设等,涉足装修企业工程管理流程及架构顶层设计,工艺展厅研发,专业化监理全流程服务,先后在八个城市设立分部或分公司。

住范儿:家居建材行业的新型零售服务商

2015年,4名清华毕业生创立了住范儿,秉承着让年轻人"住得用心,活得有范儿"的初心,从家居自媒体运营切入装修整装业务,五年来发布1700多条原创装修干货内容,积累了800万自有粉丝,实地考察了300多个家居建材品牌厂家,服务了北京、上海、成都超过6000个家庭。

2020年4月,住范儿开始试水家居建材社群团购。截至2021年5月底,住范儿的三大业务——一站式装修业务、新媒体广告业务、电商业务,同比去年增长了300%。其中装修业务体量同比去年实现了翻倍增长,电商业务实现了四倍增长。6月,住范儿完成2亿元人民币B轮融资,由金沙江创投、启承资本联合领投,老股东创新工场、嘉程资本跟投。本轮融资资金将主要用于线上电商平台运营,线下新型零售体验店的打造,以及供应链能力的深化。

致谢

派丽 PAREX：专注高端防水瓷砖胶

派丽 PAREX 是瑞士西卡集团旗下高端家装专供品牌，致力于将全球最专业的产品和技术应用到中国，营造安全、绿色、环保的居住环境。派丽的钻石级品质，为客户提供专业的室内墙地面系统解决方案。

PAREXis a high-end home-decorating subordinated brand under Swiss Sika group. Committed to applying the world's most professional products and technologies to China to create a safe, green and environmentally friendly living environment. PAREX's excellent quality provides you with professional indoor wall and floor system solutions.